ゼロからわかるキリスト教

佐藤優

新潮社

まえがき

キリスト教という宗教の名を知らない日本人はほとんどいない。それにもかかわらず、キリスト教の初歩についても正確な知識を持っている人はほとんどいない。

例えば、イエス・キリストという名についてだ。イエスが名で、キリストが姓と勘違いしている人が意外に多い。イエスは、一世紀のパレスチナにごく普通にあった男の名だ。これに対して、キリストは姓ではない。キリストは、ヘブライ語の「マーシーアッハ」（メシア）のギリシャ語形だ。元来の意味は、「油を注がれた者」であるが、それは救済者を指す。従って、イエス・キリストとは、「私はイエスが救済主であることを信じる」という信仰告白の意味だ。

また、ユダヤ教、キリスト教、イスラム教などの一神教は不寛容なのに対して、唯一神を認めない仏教や神道は寛容だという俗説もよく耳にする。すこし冷静になって考えてみよう。タイでは何度か大規模な内乱が発生したことがあるが、いずれの当事者も仏教徒だ。また、スリランカのテロリストにも仏教徒がいる。また、日本国内においては大本《おおもと》、ひとのみち教団（ＰＬ教団の前身）、創価教育学会（創価学会の前身）を弾圧し、植民地支配下にあった朝鮮に神社参拝を強制した国家神道も決して寛容な宗教とはいえない。どのような宗教にも、硬直して暴力的な信者もいれば、他者に寛容で対話に積極的な信者もいる。一神教と多神教という宗教的な不寛容と寛容の分節とすることが間違っていることは明白なのだが、このような常識が通用しないのは、不思議である。

キリスト教について語る場合、種々の偏見があるために、そのような偏見を除去するためにマイナスから出発せざるを得ない。こういう不毛な作業を避けるために、わかりやすいが、現代キリスト教神学の成果を踏まえた入門書を書きたいという思いをだいぶ前から持っていた。

日本人の大多数は自らを無宗教と考えている。それならば、徹底的な宗教批判を行い、「宗教は民衆のアヘンである」と定式化したマルクスに焦点をあてれば、逆にキリスト教の特徴が明らかになると考えて作成されたのが本書である。このことは、私自身がかつて歩んだ思想遍歴と重なる。私の母はプロテスタントのキリスト教徒だった。それだから、幼稚園児の頃から、私は母に連れられて、ときどき教会に通っていた。しかし、高校生のときにマルクス主義に本格的に触れて、無神論者にならなくてはいけないと本気で思った。マルクス主義哲学の入門書を何冊か読んでみたが、宗教批判にはほとんど言及がなかった。マルクスが宗教批判の対象とした宗教は主にキリスト教とユダヤ教だ。キリスト教徒は総人口の一パーセント、ユダヤ教徒はほとんどいない日本社会の現状に照らして宗教批判にエネルギーを割く必要はないとマルクス主義哲学者は考えたのであろう。私は自らの知的関心を満たす可能性を探した。そのとき知ったのは、同志社大学神学部は、他大学の神学部と異なり、牧師（神父）からの推薦状もキリスト教の洗礼を受けていることも受験の条件とされていないとのことだった。本格的に情報を収集してみると、無神論や宗教批判に関する研究もそこではできるということだった。当時、神学部の受験には面接が課されていた。「何を勉強したいですか」と面接担当の教授から問われたので、「無神論です」と答えた。教授から「ニーチェに関心があるのですか」と尋ねられたので、私は「ニーチェの系統ではなく、フォイエルバッハやマルクスの無神論に関心があります」と答えた。教授は「そういう研究をしている人は何人もいます。神学部の図書室には、フォイエルバッハやマルクスの本もたくさんあります」と言われた。面接を終えて教室を出ようとしたときに教授から呼び止められ「他の大学に合格しても、是非うちに来てください。面白いですよ」と言われた。

神学部に入って、半年くらい、マルクス主義の無神論に関する本を集中的に読んだ。その結果わかったことは、マルクスが想定している神や宗教は、キリスト教とは関係のない人間の願望を投影したイデオロギーであるということだった。そして、カール・バルトやディートリッヒ・ボンヘッファーをはじめとする現代神学者は、フォイエルバッハやマルクスよりも徹底的に宗教批判を展開していることを知った。最初は知的好奇心でスタートしたキリスト教神学の勉強だったが、いつのまにか、それによってキリスト教の神に引き寄せられ、大学一回生のクリスマス礼拝のときに私は洗礼を受けた。それから、私のキリスト教信仰が揺らいだことは一度もない。

非キリスト教徒であった私がキリスト教徒になることで、他の人々と少し変わった形態の思考をするようになったことが、本書を読んでいただければわかると思う。

2016年9月20日、曙橋（東京都新宿区）にて

佐藤優

目次

ゼロからわかるキリスト教

第一夜　神はどこにいるか？

資本主義に抗して

こんばんは、佐藤優です。これまで私はこの「新潮講座」でマルクスの『資本論』全三巻を受講生のみなさんと噛み砕くようにしながら読んできて、『いま生きる「資本論」』『いま生きる階級論』という二冊の単行本に纏《まと》めました。今回は、やはりカール・マルクスが書いた「ヘーゲル法哲学批判序説」という論文を読んでみようと思います。文庫本で九冊もある『資本論』よりはグッと短い――新潮社版の『マルクス・エンゲルス選集』だと、二段組でみっしり組んでいるとはいえ、わずか一五ページの――論文ですが、これを二回に分けて、ゆっくり読んでみたいのです。これを書いた時、マルクスは二五歳。有名な「宗教は民衆のアヘンである」という、その後一人歩きをすることになる文句が入っており、〈マルクスの宗教批判〉として知られているものです。

どうして今、こんな大昔に書かれたものを――一七〇年以上前、一八四四年の発表ですから、明治維新（一八六八年）はもちろん、ペリーの黒船が浦賀に来た時（一八五三年）よりもずっと前です――、わざわざ貴重な時間を費やして、みなさんが読まないといけないのか？　例えば、イスラム教スンナ派の過激組織「イスラム国」（ＩＳ）の問題がありますね。二〇一四年秋に日本人二人が彼らに拘束され、やがて殺害されたというニュースはまだ記憶に新しいことと思います。さらに翌一五年一月にはパリで「シャルリー・エブド」という風刺週刊紙の編集部が襲撃され、同年一一月にはやはりパリとその近郊で一三〇人もの死者を出した同時多発テロ事件が起きました。アメリカが空爆してもなお、「イスラム国」の活動は止められていない。二〇一六年秋現在、シリアを始め、ロシア、トルコ、周辺の各国も巻き込み、新しい世界大戦にさえなりかねない火種であり続けています。

日本でだって、テロ事件が――それも日本人の手によって――起きるかもしれない。この厳しい格差社会・階層社会の中で二進《にっち》も三進《さっち》もいかない閉塞状況に陥っている誰かが、「イスラム国」の扇動や教唆《きょうさ》に乗るかもしれない。今はネット社会だから、メールなりで容易に指示を受けることができます。あるいは、日本でなくとも、隣国の中国やロシアやフィリピンなどにもイスラム教徒は多く、何かしら危険な動きがあるかもしれない。しかも、仮に「イスラム国」自体は衰退したとしても、今後も似たような状況が起こっていく可能性は高い。

こうした動きが起きる大きな要因の一つは、『資本論』が明らかにしている〈資本主義の本質〉のためだと言っていい。マルクスが喝破《かっぱ》したように、いつだって資本はあくまで貪婪《どんらん》に、自らを増殖させていくことに血道をあげます。その結果、無意味で過剰で不公平な競争へ人びとを追い込み、途方もない格差を生んできました。新自由主義の世の中になって、さらに資本の増殖への欲望は増し、格差は日に日にどんどん広がっている。

そこで、こうしたあまりに貪欲で歯止めのきかない資本主義に、さまざまな形で対抗していこうとする動きが出てきたのです。例えばその一つが、スコットランドの独立運動に見られるような、今の〈国民〉よりももっと下位の〈ネーション〉、より小さな民族単位で主権を持っていこうという動きがそうです。そしてもう一つ、国家や民族の枠を超えてグローバルなイスラム主義によって世界を統一しようとする「イスラム国」の運動も、資本主義への対抗策、新自由主義の克服という視点で理解することもできるのです。

この一連の問題を理解するためには、宗教が持っている力とはどういうものなのか、そこをきちんと押さえておかないといけない。

実際、そう思っている人は多いのでしょうね。新聞やテレビの解説、あるいは本屋さんの店頭で、「イスラム入門」みたいなものを最近よく見かけます。もっとも、日本で顕著なのは、「イスラム国」などイスラムの過激な思想にシンパシーを持つのは、一昔前の新左翼的メンタリティを持っている人が多いということです。こういう人たちは、この世の中にある矛盾、とりわけ資本主義社会における矛盾を一挙に解決できるシナリオだという観点から、「イスラム国」などへ過剰な思い入れを持っているように見えます。

実は、それがまるで見当違いだとも言いにくいのです。「イスラム国」が強い力を持ちえているのは、われわれが生きている〈近代システム〉の論理とは少し違う論理をあの人たちが持っているからに他なりません。われわれが依拠している近代のシステムというのが、さまざまな意味で限界に来ている。今、世界中のいろんな場所で綻《ほころ》びが目立ち始めた。そしてその綻びは大きくなる一方で、改善される具体的なメドはまったく立っていない。そこで「イスラム国」などが提示している近代以前、プレモダンな論理がある一定の影響力を発揮している、とも言えます。

しかしこれは、本当は今に始まったことではなくて、この一〇〇年ずっと続いていることなんですね。

近代的理性の末に

では一〇〇年前、何が起きたのか？　近代的な理性と科学技術を基本にする啓蒙主義が第一次世界大戦を引き起こしたのが一九一四年です。この大戦は一九一八年まで続きました。日本人にとって第一次世界大戦は、「棚からボタ餅的に国際社会でのし上がることができ、南洋諸島を獲得し、国際連盟の常任理事国にもなれてラッキーだった戦争」くらいの認識ですから、なかなか分かりにくいのですが、ヨーロッパにとってはまことに深刻で決定的なショックを与える出来事だったのです。

世界大戦が始まったきっかけは、サラエボでオーストリアの皇太子夫妻が民族主義者のセルビア人青年によって殺されたテロ事件でした。当時は大国だったオーストリアと弱小国のセルビアですから、戦争になってもひと月くらいでカタがつくはずだと誰もが――どんな国の政治家や外交官でも――そう思っていた。それが複雑な同盟関係からどんどん縺《もつ》れに縺れていって、ついには四年も続く世界大戦になってしまったのです。そして近代的な理性と科学技術の発展の末に、国家や民族という大義の下で人類史上未曾有の大量殺戮と大量破壊を齎《もたら》した悲惨な戦争が起きた以上、人間の理性はもはや信用できないとなった。それ以来、〈近代＝モダン〉の危機は続いていると言っていい。これはいまだ克服されていません。

そんな流れの中で、「ポストモダン的なものによって近代を脱構築できるのではないか？　近代を超克できるのではないか？」という考え方は、いくつか提示されてきました。

しかし今のところ、まだ脱構築も超克もできていないのです。このへんは『いま生きる「資本論」』『いま生きる階級論』でじっくり触れましたから端折《はしょ》りますが、例えば一九八〇年代の日本におけるポストモダンの流行を最も自分たちのものにしたのは、結局、電通や博報堂をはじめとする広告代理店の人たちですよ。ポストモダンというのはおおざっぱに言えば、大きな物語同士の対決ではなくて、小さな差異に注目していこうというやり方です。広告代理店の人たちはちょっとした差異をつけていくことから商品やイメージを作り上げ、自分たちの利益にしていく。

この小さな差異に注目するやり方というのは、いろんな問題を孕《はら》む資本主義が膨張し、それに対抗する共産主義も力を持ってきて、しかもその共産主義の実体だってろくでもないスターリン主義である、といった東西冷戦下の〈二極対立〉の世界においては積極的な意味がありました。資本主義、共産主義、スターリン主義などといった大きな物語には意味がないよ、解決策はそんなところにないんだぜ、っていう姿勢です。

ところがソ連体制が崩壊してしまって、世界が資本主義体制一色で覆われて新自由主義が定着してからは、小さな差異を追求していっても、結局は資本の運動の中にそれが回収されていく。つまりポストモダン的な思考を追いかけても、「資本主義は永遠だ」みたいな形になってしまうようになった。

それでもなお資本主義と対抗しようとすれば、例えばトマ・ピケティが『21世紀の資本』で唱えたような実験もありえるでしょう。ピケティは、資本主義国においては格差が常に拡大し続けていくことを実証し、富の再分配のためには累進的な所得税や相続税、資本税を徴収することが効果的だと主張しています。さらに、グローバル化した資本主義経済に抗して、超国家的な徴税機関を創設しようとも言っています。私はこのピケティの理論はファシズム経済論に近づいていくと思っているけれども、それについて詳しく述べることは、今は措《お》いておきましょう。

そしてこうした資本主義へ対抗し、資本主義の矛盾を解消しようとする実験がさまざまに行われ、その一つがいま言ったように「イスラム国」の台頭として表れているわけですね。

ただ、こうした実験というのは、かつてマルクスがやったこと、提唱したことでもあるのです。マルクスほど資本主義の姿を正確に描き、問題点を穿《うが》った人はいません。第一次世界大戦で疲弊したロシアで一九一七年に革命が起きました。あのロシア革命がマルクスの思想をどの程度反映したかについてはさまざまな議論があるのだけれども、いずれにせよ、革命によって樹立されたソビエト連邦という国家はとんでもない体制になって、七〇年後には崩壊してしまった。

しかしもう一回、マルクスが資本主義の何を問題として、どういう処方箋を書いたのか、そこをじっくり読んでみる、立ち止まって考えてみるのは、現在われわれが囲まれている危機をどう克服するかということに役立つと私は思っています。こうしてみなさんが忙しい時間と労力を割いて、受講料を払ってまで集まっている講座や勉強会というのは、畢竟《ひっきょう》〈われわれはどうやって生きていくか〉という命題を解決するのに役立たなければ意味がないと私は考えます。ポストモダンふうの知的遊戯をしてもやっぱり意味がないと思っているんですよ。生きていくのに役に立つ、究極の実用知のために、マルクスをみんなで読んでいきましょう。

パンと葡萄酒

では、いきなりマルクスの宗教批判に入る前に、そこへ至るまでの近代キリスト教の大まかな流れを押さえておきましょう。

われわれ日本人が宗教について考える時に、まず皮膚感覚で理解しにくいのは、〈一神教〉の感覚ですね。もちろん、ユダヤ教もキリスト教もイスラム教も一神教です。もっともユダヤ教やイスラム教は唯一神教ですが、キリスト教は少し違って、〈父なる神〉、〈子なる神＝イエス・キリスト〉、〈聖霊なる神〉という三つの現れ方をしながら一つの神である、という考え方をしています。この父、子、聖霊というのが神学で謂う三一論（三位一体論）です。

それから、一神教とはコインのような表裏一体の関係にありますが、〈物事がある〉ということを前提としている思想がある。これは哲学の方の言葉では「存在論」と呼びます。英語でオントロジー（ontology）、ドイツ語でオントロギー（Ontologie）。これもわれわれには分かりにくいものです。

存在論について非常に簡単に整理してしまいますと、われわれが物事を考える際、〈見えている世界〉の背後に〈見えない世界〉がある、という暗黙の前提があるんです。これを形而上学と言います。そして中世までの形而上学においては、上と下がありました。上には神様がいて、下には地獄があった。そんなヒエラルキーがついていた。上、つまり天国には神様がいる、天国は上である、という考え方が成立していたのです。ところが、一六、七世紀にコペルニクスやガリレオが地動説を唱えて、「天体というのも、実は物理の法則によって運動しているものにすぎない」と明らかにしました。そこからわれわれは近代的な世界観を持ち始めたのです。すなわち、人間は上とか下とかがない世界に住んでいることが常識になった。逆に言うと、形而上学的な天が成立しなくなったわけです。

例えばブラジルに人が住んでいますよね。そのブラジルの人たちから見ると、下にあたるのは地球の真ん中を突き抜けて日本になる。それで、その日本をさらに突き抜けた先の宙空が日本人にとっては上になるわけですよね。つまりブラジルから見て下が、われわれにとっての上ですね。これはもう今なら子どもでも知っていることで、上とか下とか考えること自体が無意味なわけです。

あるいは、神が上にいるといっても、では飛行機に乗れば神と会えるのか？　会えませんよね。あるいはロケットに乗れば会えるのか。そもそも宇宙空間に出た場合、上とか下とかって概念は意味がなくなってしまいます。こうして、〈上と下がある〉のが前提の形而上学のもとで営まれてきた哲学なり神学なりは、全て組み立て直しを迫られることになりました。

哲学は、この組み立て直しをきちんとやってきたんです。ところが神学において主流だったカトリック教会は逆の方向をとった。要するに〈地球が動いている＝地動説〉の方が間違えているんだ、としたのです。そんな形で、近代以前の世界像を守ろうとしたわけですね。カトリックの中にもいろんな流れがありますが、基本的にはカトリックは近代的な世界観に立っていないんですよ。それがカトリックの強さにもなっています。

ここでカトリック教会とプロテスタント教会の決定的な違いを言っておきますと、〈救

い の確実性〉です。

カトリックの信者になれば、洗礼・堅信・聖体（プロテスタントの用語だと聖餐《せいさん》）・ゆるし・病者の塗油《とゆ》・叙任・結婚という〈七つの秘跡〉と呼ばれるものがあって、それらの儀式をちゃんと行うことを求められます。信者は毎週教会に通って、教会ではパンと葡萄酒を与えられますが、カトリック教会の場合には、基本的にはイースト菌が入っていないパン、ホスチアというウエハースみたいなやつを渡す。そして葡萄酒は、神父が飲んでしまいます。なにも神父が呑兵衛だから飲んじゃうわけではなくて、これもカトリックの教義と関係するのです。カトリックの場合は、ミサの間に、あの葡萄酒が本当のキリストの血に変わるのです。そしてウエハースが本当のキリストの肉になる。そんな〈実体変質説〉という立場をカトリックはとっています。

なぜそんなふうに変質するかというと、もちろん神秘的な力が働いているからです。それだから「秘跡」、つまりサクラメント（Sacrament）はミステリー（Mystery）と語源が同じなのです。カトリックだけでなく、ロシア正教会など東方正教会も同じ解釈に立っていますが、こちらは「機密」という訳語をあてている。ちなみにプロテスタントにおいては、聖餐と洗礼だけがサクラメント――「礼典」と訳しています――なんです。結婚をサクラメントに入れていないから、プロテスタントは離婚を奨励はしないまでも禁止はしていません。結婚が秘跡の一つであるカトリックは原則、離婚禁止ですよね。
では、パンと葡萄酒がキリストの肉と血に変わるのなら、もしパンや葡萄酒を床に落としてしまったらどうなるか。パンというか肉だったら拾って食べればいいけれども、もし血を床にこぼしてしまったら大変不敬なことになる。だからカトリック教会では、信者が葡萄酒を辞退するようになりました。そこから、やがて信者ではなく、神父が飲むという形に固まっていったんです（もっとも現在では信者にも葡萄酒を飲ませるカトリック教会もあります）。一方、東方正教会では信者が平気で飲んでいます。むろん、時には床へ葡萄酒をこぼしてしまうこともありますよね。そんな時はどうする？　乾かして、その床板を切り取るんです。それを焼いて灰にする。すると、それはキリストの血が灰になったものですから〈聖《せい》遺《い》物《ぶつ》〉になるわけ。こういう形で問題を処理しているんですね。

　ちなみに東方正教会では、いかにして葡萄酒がキリストの血となり、パンが肉となるのかという議論をすること自体を嫌っています。なぜか？　そういった「機密」を疑うことがもう信仰に反することだという立場だからです。でもその代わりに、過去の事例で本当の血になって、本当の肉になったことがあるよと教えてくれます。だいたいその事例というのは一〇世紀以前ですが、八世紀のビザンツ帝国のどこかとか、中世期のアンティオキアでこんなことがあった、みたいな伝承があるんですよ。

フスの宗教改革

さて、一五世紀初めのボヘミア、現在のチェコにヤン・フスという宗教改革者がいました。

一四一四～一八年に、コンスタンツで公会議が行われ、当時アヴィニヨンとローマに分裂して、三人も教皇がいるという異常事態にあった教会を再統一することが決められました。また、この公会議では一四年一一月に、フスを「あなたの考えを聞きたい」と呼び出して、捕まえると異端の烙印を押して火刑にしてしまいます。一五年七月のことです。フスは危険を感じていましたが、「安導券《あんどうけん》」といういわば身の安全のお墨付きをもらったのでコンスタンツまで出かけて行ったのです。教会は嘘をついたわけですが、彼らの言い分は、「身の安全は約束した。しかし約束を守るとは約束していない」です。

カトリック教会は今でもフスの名誉回復をしていません。「フスを火あぶりにしたのは残虐なことであったけれども、カトリック教会の立場としては基本的に間違えていない」と今でもそんな立場を取っています。フスは火刑の直前に「異端であることを認めれば命は助ける」と言われましたが、「聖書のどこに私が異端である証拠が書かれているのか」

と拒否しました。そして生きたまま火にくべられ、最期に「真実は勝つ」と言い残した。この言葉は今に至るまでチェコ人を、宗教面に限らず、広く団結させる言葉になっています。

では、異端と目されたフスが要求したのはどういうことだったのか？

まず聖書というものは、民衆に分かる言葉で書かれないといけない。だから、ラテン語ではなく世俗語で翻訳されるべきだ。これは実はフスではなくて、その五〇年ほど前、イギリスのジョン・ウィクリフが考えたことなんです。実際ウィクリフは英訳の聖書を作り始めた。フスは同じようにチェコ語で説教をしました。そしてパンと葡萄酒に関して、神父だけが葡萄酒を飲むことができるのはおかしいと考えた。われわれは兄弟であり、同じ教会に所属しているのだから、パンも葡萄酒も信者へ平等に分け与えられるべきである、葡萄酒を民衆にもきちんと飲ませろ、と要求したわけです。

今でもチェコに行きますと、十字架がかかっている教会というのはカトリック教会だけです。プロテスタント教会に十字架はかかっていません。なぜ？　チェコのプロテスタント教会には「自分たちはフス派である」という継承意識が強いからですね。チェコでは、一五世紀のフスの改革を第一次宗教改革、一六世紀のマルティン・ルターやジャン・カルヴァンのそれを第二次宗教改革と呼ぶのです。実際、ルターはフスについて学んでいますし、彼らは一本の流れと捉えてかまいません。

チェコのプロテスタント教会は「十字架というのは反フス派としてボヘミアに攻めてきた十字軍のシンボルだから（一四一九年からフス戦争が起きます）、教会のシンボルにはふさわしくない」と今でも考えているのです。その代わりに、聖餐式で葡萄酒を入れて配る〈聖餐杯〉、これを教会のシンボルに使っています。サクラメントにおいて民衆に葡萄酒を飲ませろ、というのがフスの主張の一つでもあったからですね。こうして教会の入口にワイングラスが描かれているわけですから、観光客なんかで、つい雰囲気のある良さそうな居酒屋だと勘違いして教会へ入ってくる人がときどき出てくるんです。

さらにフスは、教会には二種類あって、地上にある〈見える教会〉と天上にある〈見えない教会〉とがあるのだ、と強調しました。そして、カトリック教会のローマ教皇というのは、どうやら自分が絶対に正しいと考えているようだけれども、だいたい教会の長はイエス・キリストであって、ローマ教皇ではない。ローマ教皇になる資格を持っている枢機卿にしても、人間であることには変わりはなく、原罪から免れてもいない。さらに重要なことは、目に見える教会の中には、本当のキリスト教徒とそうでないキリスト教徒が混在している。聖職者の中にも、実際は悪魔の手先のような人間がいる。誰がそうであるかというのは、この世が終わる時、つまり終末が来ないと分からないけれども、とフスは主張したのです。

どうしてかというと、聖書の中にこういう一節があるんです。麦を植えると、そこに悪魔がやってきて、毒麦の種を蒔《ま》いていく。毒麦と良い麦とは、芽が出てきた時には区別がつかない。しばらく経つと区別がつくようになるけれど、毒麦だけを抜こうとしても、根が絡まっていて、良い麦までも一緒に抜いてしまうことになる。だから、毒麦と良い麦の仕分けは刈り入れまで待たないといけない。刈り入れてから毒麦は火にくべればいい。そして良い麦は倉に入れるのだ。そんなことをイエスが言っているんですよ（「マタイによる福音書」一三章）。

これはどういうことか？　良いものと悪いものの両方がいるのが人間の社会であって、教会でもそうなんだ、と。善悪は常に混在しており、最後の瞬間まで、最後の審判が行われるまで、つまり〈見えない教会〉に入るメンバーが明らかになるまで、誰が本当に良い人間か、悪い人間か、それは分からない。地上にある〈見える教会〉に所属しているからといっても、その人物が正しいキリスト教徒なのか実は毒麦なのかは分からないし、救われるかどうかも分からない。こうしてフスは教会の腐敗を批判し、〈救いの確実性〉に疑いを唱えました。これは当時の教会においては火あぶりの刑に充分になり得るわけですが、このフスの考え方、救いの不確実性の考え方がやがてプロテスタントへと繋がっていきます。

カトリック教会の場合は、信者は教会に通って、「私はこんな悪いことをしました」という告解をして、神父に「では、主の祈りを何回唱えなさい」とか言われて、「これであなたの罪はなくなった」と取り次いでもらうわけです。取り次ぐというのは、きちんと告解をすれば、自分の町の教会の神父が教区の神父へつないで、教区の神父が日本なら日本の総責任者へつないで、それがバチカンへ連絡をして、バチカンが今度はローマ教皇へ連絡して、天国の鍵を持っているローマ教皇が代表してキリストへ連絡をして、キリストが神様へと取り次ぐ。こういうヒエラルキーがきちんとあって、カトリック教会の中の範囲では確実に救われるわけです。

プロテスタントの場合は、そういった保証は全然ないんですよ。基本的にプロテスタントは救いに関して実に不安定な宗教なのです。

このようにキリスト教の中にもいくつかの考え方があるのですが、だんだんどういった考え方が強くなってきたかというと、〈救われる人〉というのは生まれる前から天国のノートに名前が書かれているんだと。それについてわれわれは、この世で知ることはできない。そして、われわれ一人ひとりの人生は、自分のためではなくて神様の栄光のためにある。神様の栄光とはどういうことか？　「神様を愛するとともに、あなた自身を愛するようにあなたの隣人を愛しなさい」とイエスは言っている。つまり、他の人のために、どれぐらいきちんとした奉仕をした生活ができるかどうかだと。自分の力をいかに他者のため、社会のために注ぐことができるかが問われているんだ。そんな生き方をすることによって、その人間が天国に選ばれた者であるかどうかが逆説的に分かるんだ。そして世俗的な世界においても、そういう人たちは結果として成功するんだと。世俗的な禁欲とか勤勉とか、仕事における成功とかを非常に重視するような論理になってくる。ただ、その根っこは、救いのためだという点にあるわけです。

神の居場所

プロテスタント神学は一八世紀に大きな転換をしました。プロテスタントが誕生した一六世紀から一八世紀半ばまでのプロテスタント神学を、古プロテスタント神学と言います。これは、基本的に〈神様は上にいる〉という発想なんです。

「イエス・キリストに還れ」というのがプロテスタンティズムの本質ですよね。「イスラム国」だって、「ムハンマドが教えを説いた七世紀こそ、世の中が一番正しかった時代だ」という考え方ですよね。日本だって、明治維新はその名の通り復古維新でしたね。幕府によって堕落した時代から、過去に帰ればいいんだ、と目論んだ。では、どの過去に戻るのか。後醍醐天皇が行った「建武の中興」の時代に戻るのか、それとも律令制に戻るのか。さらにもっと昔の天地開闢《てんちかいびゃく》の頃に戻るのか。そういう議論があったわけです。

進歩によって問題が解決するというのは、近代の流行に過ぎません。これは最初に触れた啓蒙思想と関係しているわけですが、暗い所にろうそくを一本つけると、少し周りが見えるようになる。二本にすると、もう少し見える範囲が広がる。三本にするともっと広がる。ろうそくを増やせば増やすほど、どんどん広がっていって、あたりは明るくなる。このろうそくを増やしていくこと、時間の経緯とともにろうそくが増えて明るくなること、こうした考え方が啓蒙思想であり、進歩史観になっていきます。

でも、これは近代以降に主流になった考え方、歴史の捉え方にすぎません。あくまでフランス革命以降の流行にすぎない。それまでの主流の歴史観というのは、下降史観です。「初心忘るべからず」と言うように、初心の時がいちばんいいのです。時間を経れば経るほど、時代が下れば下るほど悪くなっていく。そこで、「過去へ戻れ」という主張が出てきます。過去においてこそ救済の根拠がある、ということになってくるわけ。プロテスタンティズムもそうなんです。日本ではカトリックを「旧教」、プロテスタントを「新教」なんて表記していたので誤解されやすいのですが、プロテスタンティズムは復古維新的な宗教なんですね。

もう一つ、プロテスタンティズムというのは、当初においては反知性主義だったんです。カトリックではスコラ学が発達しました。スコラの語源は、学校の「スクール」も同じなんだけれど、スコレ、「暇」という意味なんですね。暇な人たちが集まって、いろんな議論をし、哲学を組み立てていったわけです。そのスコラが基本にしているのは、アラビアを経由したアリストテレスの形而上学から派生した世界観で出来ている神学です。これが、時代が経つにつれて、あまりにも煩瑣《はんさ》に、些末になっていった。

他方、教会の腐敗もひどかった。教会は巨大な権力を持っていますから、さっきも言ったようにコンスタンツの公会議の時など、三人も教皇がいるような事態になってしまっていました。三人のうち最も力を持っていたヨハネス二三世という教皇——第二バチカン公会議を開いた二〇世紀のヨハネス二三世とは無論まったくの別人——はシチリアの元海賊です。そんな人物がローマ教皇になって権力を握っていた。彼らは傭兵を雇って戦争を繰り返し、一方では罪を軽減するという触れ込みの「贖宥状《しょくゆうじょう》」という免罪符を売りまくって荒稼ぎをした。

こんな教会にいて本当に救われるのか？　さすがに一般の信者たちもそういう問題意識を持ち始める。キリスト教は人間を現実的・具体的な苦しみから解放する〈救済宗教〉ですから、キリスト教を信じることによって救われたと思えないと、宗教として機能しなくなります。その危機感から、腐敗してしまったローマ教会を否定し、イエスの教えた単純な福音へ戻れ、原始教会へ戻れという復古運動が生まれました。これが宗教改革であり、プロテスタントですね。ちなみに言うと、プロテスタント側からは〈宗教改革〉なんだけど、カトリック側の用語だと今でも〈信仰分裂〉と呼んでいます。

ところがそれも束の間、すぐにプロテスタント・スコラ主義が出てきて、カトリックと同じような細かい議論を立て始めました。そうすると、いくら学術的に精緻であっても、「いったい救いはどこにあるのか？」という根本的な議論がまた出てくるわけですよ。それと同時に、物理学、天文学の発達と共に、宇宙観が変わってきた。つまり、さっき言った上も下もない時代になったでしょ？　人びとが合理性によって物事を考えるようになったでしょ？　こうして、〈神様の居場所〉を考えることがいよいよ難しくなっていきました。

ここで重要なのは、近代以前に拘《こだわ》ったカトリックと違って、プロテスタンティズムは神様の居場所を転換することに成功した、ということです。フリードリヒ・シュライエルマッハー（最近はシュライアマハーと表記されることが多いですが）という一八世紀の終わりから一九世紀に活躍したドイツの神学者がいます。この人が主著である『宗教論』（一七九九年）の中で「宗教の本質は直感と感情である」と規定しなおして、神様の居場所は心の中であるとしたのです。直感と感情で捉えるのだから、神様は心の中にいるんだと。では、みなさん、心ってどこにあります？　胸？　頭？　お腹？　心って、空間上に示すことできます？　できませんよね。心を想定することによって、〈上にいる神〉などということに煩わされずに、つまり近代以降の理性中心の考え方と矛盾しない形で、神を信じることができ、神学を展開することができるようにした。

同時に、神学はこれで心理学へ吸収されてしまうのです。あるいは、ここから心理学という学問も生まれてきた、と言ってもいい。シュライエルマッハーの言うように、神が心にいるならば、絶対的な存在である神と自分の主観的な感情を区別できなくなりますよね。自己絶対化の危険も孕みます。このシュライエルマッハーの考えを否定し、さらにプロテスタント神学を進めたのがカール・バルトですが、彼の話はここでは先送りにしておきます。

分水嶺としてのマルクス

そろそろマルクスに入りましょう。

神学に右のような流れが出来てきている時に、マルクスは宗教批判を展開したのです。シュライエルマッハーが死んで一〇年後に「ヘーゲル法哲学批判序説」は書かれています。ただ、マルクスの宗教批判は、シュライエルマッハーたちが考えていたような、神様の居場所を心に転換したというのとはちょっと違う文脈から出ています。逆に啓蒙主義の分野から出てきているんですよ。どういうことか？　一八世紀に啓蒙主義が出てきて、啓蒙主義的・実証主義的な方法に従ってイエスという男の履歴を正確に描きたい、という研究が一〇〇年以上にわたってなされたのです。これを「史的イエスの探究」といいます。

それで、実証的に詰めていった末に、どういう結論が出てきたか？〈イエスという男が一世紀にパレスチナにいた〉ということはどうやら実証できない、となったんです。社会的活動は晩年の六、七年だけで、酒が好きで、教育水準は中の上くらいで、三三歳で刑死した男がどうやらいたらしいけれども、はっきりとは実証できない。と同時に、一世紀にイエスというそんな男がいなかったということもまた実証できなかった。結局、イエスが実在したかしなかったかということは極めて曖昧であるとしか言えない。そんな状況になったわけです。

そこで二つの流れが出てきました。

一つは、イエスがいたかいないか証明できないということは、つまりこれはいなかったんだと。ということは、イエスだけではなくて、そのイエスをこの地上へ送ってきたという神も、おそらくいないのではないか。では、人間はなぜ、どのように神という概念をつくってきたのかを突き詰めて考えよう。

もう一つは、確かにイエスがいたかいなかったか実証はできない。しかし二世紀の初めに、「かつてイエスがいた」と信じていて、「イエスは神の子であり、救い主だ」と信じている人たちがいた、という事実までは実証できる。そこまでの実証でいいじゃないか。そこまで実証できれば、あとはイエスの教えはどういうことだったのか、人間はどういうふうにすれば救済されると当時の人たちは考えていたのか。そういった原始キリスト教の救済の論理を摑むことで我慢すればいいのだ。この後者の考え方が新しいプロテスタント神学の主流になり、前者のように考える人たちは無神論へ行くわけです。そして、ちょうど両者の分水嶺《ぶんすいれい》にあるのがカール・マルクスの「ヘーゲル法哲学批判序説」なのです。

日本における神学部

ちなみに、日本の国立大学（東京帝国大学）は世界に先駆けて工学部（工科大学）をつくったのに、神学部がありませんよね。そもそもヨーロッパでは、基本的に神学部がないとユニバーシティ（総合大学）と名乗ることができなかったのです。ただ、国立大学に神学部を置いていない国がヨーロッパにもある。正確にいうと、その国には一校だけ神学部がある国立大学が存在するんだけどね。これ、フランスなんですよ。

フランスで「シャルリー・エブド」という週刊紙に載ったムハンマドの風刺画が襲撃事件を引き起こしましたが、ムハンマドを揶揄《やゆ》したようなあの手の絵を発表することは、例えばロシアではできないんです。法律に触れる可能性があるわけ。すべてが許される感じであいうものが平気で出てくるのは、フランス的な特徴なんですよ。これはフランス革命の影響です。フランス革命以降、完全に教会と国家を切り離したからなんですね。

例えばフランスでは、公立学校に行く時に、女性がベールを被ったらいけない。あれはそもそも、十字架を規制していたのです。人が見えるような所に十字架をぶら下げたらいけないという規制でした。公立学校は国家による公教育を行う場所だから、宗教から厳しく切り離す。公教育の場から宗教色は完全に排除する。教師はもちろん、生徒の側も宗教的なシンボルを持ち込むのはいっさいダメですよ、と。だからベール、イスラム教徒のブルカも禁止なんです。当然ながらフランスでは、宗教の授業は学校ではできないんですね。なので、国立大学に神学部がない。

ただ、一カ所だけ例外があります。ストラスブールなんです。あそこはドイツとフランスの間で帰属が何度も揉めてきて、ドイツ的な影響が残っているから、ストラスブール大学だけは国立大学なのに神学部が今でもあるんです。ただしそれでも今はフランスなのだから、無神論的な影響が強い。例えば新潮社でも本を出している田川建三《たがわけんぞう》さん、この人はストラスブール大学神学部の出身です。彼は一昔前、全共闘の時代には非常に鳴らした聖書学者です。

こういう日本の聖書学者たちが出ているのは、だいたい東京大学文学部の西洋古典学科です。国立大学に神学部がありませんからね、仕方がない。

戦後、なぜ日本が戦争に突き進んでいったのか、アメリカの占領軍が分析したんです。そして大きな理由の一つは、キリスト教に触れることが少なかったからじゃないかとなった。ですから、当時の皇太子、つまり今上天皇にも、家庭教師をつけて聖書の勉強をやらせたし、同時に、国立大学へ神学部を作ろうとしました。そこで、京都大学がその流れに比較的うまく乗ったというか、占領軍にすり寄ったんだな。京都大学の文学部に従来の宗教学科とは異質なキリスト教学科ができて、そこの講座長に同志社大学神学部教授の有賀《ありが》鐵太郎《てつたろう》という人を招いたのです。この有賀鐵太郎は東京の一中、今の日比谷高校を出たあと、一高つまり東大に行くかと思ったら、同志社に来ちゃった。彼はどうしても神学をやりたかったからです。

有賀のお父さんはイスラム教徒の貿易商でした。明治時代の日本にはイスラム教徒がけっこう多かったんですよ。特にビジネスの世界では多かった。どうして？　イスラム教徒になると値段が違う、つまり安く買って来られるから。それからイスラム教徒になると、イスラム商人たちと人脈ができてイスラム世界のいろんなビジネスへ、例えばトルコならトルコへ入っていくことができた。だから明治日本のビジネスマンで、実はイスラム教徒だったって人は結構多いのです。有賀鐵太郎は、そんなイスラム教の匂いのする環境を経由してキリスト教に入っていった。オリゲネスという異端の神学者の研究からスタートして、同志社大学文学部神学科（同志社大学神学部の前身）の先生になったのです。

ところで、国立大学にはないだけで、青山学院大学にも立教大学にも明治学院大学にも戦前、神学部あるいは神学科はあったんです。ところが昭和一五年、皇紀二六〇〇年を記念して、日本のキリスト教は日本的な形でまとまらないといけない、となった。明治学院はアメリカの長老派、青山学院はアメリカのメソジスト派がそれぞれ後ろについているんですが、外国のヒモ付きでは日本の教会とは言えないじゃないか。ならばと言うので、関東の神学部は合同させられて、日本東部神学校というのが作られました。関西学院神学部などは日本西部神学校に合同させられ、やがて日本基督教神学専門学校に統一します。現在の東京神学大学です。東京都下三鷹市、ＩＣＵ（国際基督教大学）に隣接して建っています。

同志社大学がこの合同に参加せずに済んだのは、有賀鐵太郎のおかげでした。有賀さんというのは政治的なんです。彼は鮎川財閥と組んで、日産自動車から車をもらって、同志社大学自動車部というのをつくった。私がときどき対談をする中村うさぎさん、彼女は同志社の自動車部の出身です。同志社大学自動車部って、基本的にはちょっと（暴走）族っぽい連中が同志社に入学して、いくらでも山の中を車で飛ばせるぜっていうので入るところ（会場笑）。その源は戦前にあるわけです。一九四一年に『学生自動車隊のイタリア一周』という本が出ているのですが、これは有賀鐵太郎が日産から車をもらってきて、学生自動車隊のイタリア一周という旅行をした。日本製の車を世界に見せてくるぜと言って、イタリアを一周してみせたんです。それでローマでは、ムッソリーニに会って、抱き合って、お互いファシストだと言って盛り上がって来る（会場笑）。キリスト教徒でファシストで気が合うなって話をして帰ってきて、「ムッソリーニと私は会ってきたんだ」。その私がいる同志社が、日本の国体と合致しないようなことをするはずがない。同志社のキリスト教は、ファッショ・キリスト教だ」と言い張ったら、軍の連中も、文部省の連中も何だか煙に巻かれて、「そうか、イタリアのファシストとかと仲良くしているんだったら潰すことはできないな」となって、同志社の神学科は生き残れた。また有賀さんの方も調子がよくて、将校が着る軍服みたいな服を着て講義をしていました。

ところが有賀さんは、戦争が終わると今度は占領軍に接近していくんです。英語がものすごくうまい人ですが、占領軍に「戦時中、われわれは大変な弾圧を受けた」と訴えた（会場笑）。それで、「確かにキリスト教精神がないということが日本の問題だ。だからあんな無謀な戦争をしたんだ。キリスト教をきちんと大学で教えないといけない」と。「じゃあ、国立大学にもちゃんとしたキリスト教学科をつくろう」となっていって、有賀さんは京大文学部にできたキリスト教学科の講座長になって、最後は京大の名誉教授（会場笑）。

一方、東京大学は激しく抵抗したんですね。「そんなキリスト教学科なんて、占領軍に押しつけられたようなものは作りたくない」と。そう言って頑張っていたけれども、とうとう何か作らなきゃいけないというので、仕方ないから「西洋古典学科」という名称にして、聖書の研究をする学科を嫌々《いやいや》つくったわけ。

そうするとね、そこを卒業した人たちは「聖書神学者だ」と言われると、激しく反発するんですよ。自分たちは聖書学者だけど、聖書神学者じゃない。神学的な流れでの聖書の研究でなく、田川さんがストラスブール大学に留学したように、無神論的な流れの中での聖書研究になってくるんです。今みなさんが書店で買える『聖書』でも、無神論的な傾向の方からテキストを解析して翻訳しているのが、例えば岩波書店の『新約聖書』とか『旧約聖書』。『新約聖書』は荒井献《あらいささぐ》さんという人が中心になってやっています。田川さんは荒井さんとも波長が合わないので、いま一生懸命、作品社から『新約聖書』を個人訳で出しているところです。

ただ私に言わせると、どちらも根っこはネストレ＝アーラント版の第二七版と次の第二八版を底本にしています。『聖書』って、しょっちゅう改訂されるんですよ。文献研究を進めるうちに、「やっぱりこっちの解釈のほうがよかったんじゃないか」とか、どんどん変わっていく。それでときどき日本聖書協会も新しい訳で出し直すんです。だいたい『聖書』って一〇年ぐらいで行き渡るから、ときどき訳し直さないと、ビジネスにならないこともある。ただ、根っこの底本は一緒で、その注の部分からどこを採用していくかという違いだから、日本聖書協会の新共同訳と荒井さんと田川さんの訳に本質的な違いはないと思うな。

追体験の困難

じゃあ、ここまでをイントロとして、マルクスはどういうふうに宗教批判を展開していったか、そこを読んでいきましょう。

ここでは新潮社版の『マルクス・エンゲルス選集』第一巻をテキストにします。日高普《ひだかひろし》さんの訳です。

『マルクス・エンゲルス選集』は、新潮社版と大月書店版があります。大月書店版のやつは、旧東ドイツで編まれたマルクスとエンゲルスの選集があって、それを『資本論』に関する部分以外全て翻訳したもの。それに対して新潮社版は、共産党系の学者が全然入らないで、向坂逸郎《さきさかいつろう》と大内兵衛《おおうちひょうえ》という、日本のマルクス主義の流れの中では非共産党系の労農派と呼ばれるマルクス主義者たちが集まって、独自編纂でつくったものなんです。訳も優れているし、ソ連的なスターリン主義の影響を受けていない選集なので、非常に面白い。特にこの『ヘーゲル批判』と題された第一巻は初期のマルクスの作品を集めているので、実にユニークな構成の巻になっています。いま、古本屋でバラで買うと一巻五〇〇円ぐらいだと思うけど、一六巻全部揃っているやつはやっぱり高い。下手をすると六、七万円ぐらいするかな。

じゃあ、最初から読んでいきましょう。

ドイツにとって宗教の批判は本質的に終わっている。そして宗教の批判こそ一切の批判の前提なのである。

はい、「批判」という言葉が出てきます。「クリティーク」という言葉の訳語ですね。これは訳者の日高さんが悪いわけではなくて、明治にこの言葉が入ってきた時に日本語にした人の問題なのだけれども、これは外来語を誤訳した一例だと思う。

「批判」と言ってしまうと、つまり例えば「彼は私に批判的だ」と言うと、否定的なニュアンスになっちゃうでしょ。ところが「クリティーク」という言葉には、そもそも否定的なニュアンスはないんです。クリティークというのは、相手の言っていることが何であるかを対象としてまず認識する。できるだけ虚心坦懐《きょしんたんかい》に認識して、それに対して自分は賛成しているのか、反対しているのか。基本的に賛成だけれども、あそこの部分は賛成できない。あるいは全体的に賛成だけど、さらにこういったことを付け加えたい。そんな具合に、対象として客観的に受け止めた上で自分の評価をしていくことを指す言葉なのです。

だいたい、全否定したいとか無意味だと思っているものに、人間は時間を割《さ》かないですよ。だから「クリティーク」というのは、前提として、自分で意味があると思ったものを対象にする。つまり、本来は肯定的な意味合いのものなんです。なので、クリティークを「評論」とか「批評」と訳す場合もある。「批判」という言葉を調べてみると、どうやら歌舞伎のタニマチが役者を叱る時、それを「批判」と呼んだみたいですね。「ちょっと三代目、あそこの扇子を落とす呼吸はなんだよ」とか「引っこむ時の型がなってないよ。もう少しきちんと稽古しなよ」とか、歌舞伎のタニマチが役者につけるそんなクレームや注文とよく似ている感じかなと思って、「クリティーク」を「批判」と訳すことになっちゃった。

　それと同じように、例えば「哲学」という言葉があります。これは西周《にしあまね》って人がつくった訳語です。でも、中江兆民《なかえちょうみん》は、哲学という言葉を嫌っていました。兆民は「理学」と訳した。フィロソフィというのは、〈知を愛する〉ことだと言ったわけ。この知というのは、理屈だと。理屈によって世の中を解明していく、物事を見ていくという学問だから、「理学」だと。中江兆民の著作集で「理学」と出ているのは、現在で謂う「哲学」のことです。哲学の「哲」ってよく分からないでしょ。これも日本語にすることでズレてしまった言葉だよね。

　あと、すごくズレている言葉は、「愛」ですよ。「愛」というのは、愛惜、愛着、愛情って具合に、肉体的なものと結びついている。仏教語においては、基本的にはネガティブな意味合いです。日本語の「愛」という言葉は強いて言うと、ギリシャ語で〈欠けているものを埋め合わす〉という意味合いの「エロス」にむしろ近い。神の愛なんて意味にもなる

「アガペー」、あるいは友情などで使われる「フィリア」。こういう言葉のニュアンスは、日本語で「愛」としてしまうとほとんど伝わってこないまま独り歩きしてしまうんだ。その手の面倒くさい、うまく日本語にできていない言葉の一つが「クリティーク」なんですね。

では、先に行きましょう。

「家庭の平安のための祈り」という天国の迷妄が論破された以上、現世に存在する迷妄も暴露された。人間は、天国という空想的現実のなかに超人を探し求めながら、自分自身の反映しか見つけ出さなかったのだから、自分の真の現実性を求め、また求めなければならないような所では、もはや自分自身の幻影だけを、非人間だけを見いだそうという気は持たないであろう。

これは、さっき私が説明したことですよ。どういうことかというと、われわれの世界観だったら天国ってないでしょ。神学に「生活の座」という言葉があるんです。ドイツ語でジッツ・イム・レーベン Sitz im Leben、キリスト教原始教団が礼拝などを行った場のことです。例えば、昔の日本人は、風神さまと雷神さまという神様がいると思っていたよね。

雲の上に風神と雷神が乗っていて、雷神が太鼓を叩くと雷になる。風神が風の入った袋の口を開けると、ものすごい風が吹いてくる。嵐とはそういうものだと考えていたわけです。しかし実際には、雷神も風神もいないよね。でも、今だって嵐の時に、雷や大風という現象は変わらずにある。だからわれわれが雷や大風を見て感じているものは、五〇〇年前の日本人の感覚とはずいぶんかけ離れているわけです。そして彼らの感覚を追体験するのは極めて難しい。

この極めて難しい理由は、〈自分の今いる生活の座から世界を見るからだ〉と言えます。この「生活の座」というのは、神学ではすごいキーワードなんですよ。文化の違いというのは、換言すれば、生活の座の違いなんだよね。

バルトはパウロへと向かう

じゃあ、次。

反宗教的批判の根本は、人間が宗教を作るのであって、宗教が人間を作るのではない、ということである。

宗教を神様と言ってもいいです。神様が人間をつくったのではなくて、人間が神様というイメージを思い浮かべてつくったんだと。これは、われわれがいま聞くと何だか当たり前のことですよね。

実は、現代の神学というのは、こうした宗教批判が大前提になっています。マルクスのこの宗教批判を認めない牧師や神学者がいるとするならば、三つの可能性がある。一番目の可能性は、うんと不勉強な神学者で、まるでこのへんのことを知らない。二番目は、ファンダメンタリズム、すなわちキリスト教根本主義（原理主義）の牧師や神学者。三番目がすごく複雑になるけども、たしかに宗教というのは、人間が自分の願望を投影した幻影であり、幻像である。宗教は人間のつくるものだ。そのことを認めた上で、しかし人間というのは、こういう幻影なり幻像なりをつくらざるを得ない、そんな存在なんだ。そんな理解をしている人。例えばニコライ・ベルジャーエフとかカール・バルトがそうです。カール・バルトは弁証法神学の立役者で、ニコライ・ベルジャーエフはロシアの道標派の宗教哲学者。ロシア革命の後はレーニンによって国外追放されて、パリにずっと住んでいた非常に有名な思想家です。

ここでさっきチラッと頭出しをしておいたカール・バルトの思想について、簡単にまとめておきましょう。

まずバルトについて知りたい人、あるいは現代の神学の入口について知りたい人に私の本の宣伝をしておきます（会場笑）。まったく商売にならないかなと思いながら作る本が、ちょこっと売れたりすることがたまにあります。そのうちの一つが平凡社から出た『神学の思考』という本。これは平凡社のホームページに四年ぐらい連載していて、私自身としては楽しく書き進めているんですけれども、アクセス数は数百ぐらいしかないんじゃないかな。ほとんど誰も存在を知らないような連載だったのだけれども、今回本にまとめて、恐る恐る六〇〇〇部刷ったら、五日間できちんと売れてくれて、二〇〇〇部増刷しました。この本はまだ前半部分なんですが、伝統的な神学の方法に即して、プロレゴメナ（序論）、それから神論、その中に三一論が入って、創造論、人間論、キリスト論と続いています。このあと、救済論、教会論、信仰論、終末論となります。いま教会論を書いていて、全部書き終わるまでにはあと五年くらいかかると思うな。神学とは何か、神学への入口になる本を書いてみたいんですよ。

それでは、カール・バルト。この人は一八八六年に生まれ、一九六八年に没したスイス出身の神学者です。いわゆる学校秀才タイプではありませんでした。大学の卒業後は、スイスの田舎のザーフェンウィルって村で教会の牧師をやっていました。毎週礼拝があって、自分は説教しているけれども、みんな教会へ来ないで、飲みに行ったり、ピクニックに行ったりしている。そんな村人を横目で見てうらやましいなと思って、「いやあ、俺、なんでこんな仕事してるんだろう」と内心、首を傾げながら牧師をやっていた、そんな人です。ただ、神学のいろんな学問的な潮流には関心があったんですね。そもそも、お父さんも牧師で神学者で、どちらかと言えば保守的なファンダメンタリスト系でした。

田舎の青年牧師で、いつも神学雑誌などを読んでいたカール・バルトが、当時いちばん尊敬していたのはカイザー・ウィルヘルム協会の総裁で、ベルリン大学の学長だったアドルフ・フォン・ハルナックです。彼は一世を風靡《ふうび》した神学者であり、日本でも岩波文庫から『基督教の本質』という本が出ています。そのハルナックが、一九一四年に第一次世界大戦が始まった途端、「知識人宣言」という宣言を出した。ドイツの知識人を代表した宣言で、他にも九二人が署名している文書なんだけれども、要するに「この戦争は祖国防衛のための正しい戦争だ」と主張するものです。つまり、神学が第一次世界大戦を追認し、正当化したわけです。

この宣言を読んだ瞬間に、カール・バルトにとって、今まで学んできた神学というものが全部崩れ落ちてしまった。尊敬しているものも何もかもが廃墟になった。バルト自身、「私の神学的な基礎が全部崩れたのは、一九一四年だった」と回想しています。

そこで彼は、もう一回、ギリシャ語で『聖書』を読んでみようと思い立つわけです。中でも、パウロの「ローマの信徒への手紙」（いわゆる「ローマ書」）を詳細に読み直してみるという作業をしました。しかしその当時、パウロを研究するっていうのは時間の無駄だと思われていた。どうしてか？

キリスト教の創設者

史的イエスの探究というのには触れましたね。その研究の成果で、『聖書』の成立についてもずいぶん分かってきたことがあるんです。

『聖書』にはイエスについて書かれている福音書がありますね。「マタイによる福音書」、「マルコによる福音書」、「ルカによる福音書」、「ヨハネによる福音書」と、四つの福音書がある。最初の三つは内容がすごく似ているんです。同じような話がいくつも出てくる。四番目の「ヨハネによる福音書」だけ全然違うわけ。だから最初の三つ、マタイ、マルコ、ルカの福音書を「共観福音書」と呼びます。共観とは、同じ見方をするという意味ですね。

その共観福音書の中で、マルコとマタイ、マルコとルカに共通している話というのがいくつもある。そこから何が明らかになったかというと、どうも「マルコによる福音書」を見て、「マタイによる福音書」と「ルカによる福音書」は書かれたのではないか、ということです。

ちなみに、マタイとかマルコとかルカとかいう著者がいて、彼らがそれぞれ書いたという話になっているけれども、あれらは全て集団でつくっているものだからね。集団編集でやって、教団のテキストにしたものです。マルコ教団があって、「マルコによる福音書」をテキストにしている。マタイ教団も自分のテキストを持っている。ルカ教団も自分のテキストを持っている。教団ごとのものなんです。

それからさらに、マルコには書かれていないけれども、マタイとルカだけに共通する話がいくつか出てくるんです。どうやら、もう一つ、先行する謎の福音書があったらしいんだ。ところが、いまの形で『聖書』ができる頃、二世紀の真ん中ぐらいまでに、その謎の福音書は散逸してしまった。それをドイツ語の資料、すなわち「Quelle」の頭文字を取って「Q資料」と呼んでいます。どうもそのQ資料と「マルコによる福音書」を脇に置いて時々覗きながら、「マタイ」と「ルカ」が書かれていったようなんですね。そしてこの現存する三つの共観福音書だけでも、イエスというのはどういう人なのかという物語はおおよそ分かってくる。そんな考え方があるんです。

ところが面倒くさいのは、「マルコによる福音書」というのはね、日本聖書協会の『聖

書　新共同訳』を見ると、四角い括弧が付いている箇所があるんですよ。虫眼鏡で見ないと分からないような注がそこについているのだけれども、「後世の挿入とされるが、長い間教会で真正の文書と思われていた部分」と書いてある。要するに、ここは後から挿入した箇所である。だけれども、そこを削除しちゃうと、今までずっと読んで馴染んできた一般の信者が、なんで削除するんだって、気にするといけないから残しているんです。本当は文献学的には、「ここ、オリジナルの『マルコによる福音書』には入っていなかったんですけどね、おなじみのところだから残しときます」って箇所があるわけ。

それはどこかというと、復活の場面なんだ。これはまずいわけよ。キリスト教って、イエスが復活することが前提になっているでしょ。十字架にかけられて死んだけれども、死んだあと、死人が復活して、使徒たちのところに現れると、「私はすぐに来る」とかいって天上へ上がって行き、でもすぐに来ないで、そのまま二〇〇〇年近く再来が遅れている。これ、神学用語で「終末遅延」というんだけどもね。つまり、キリストがずっと来ないのは遅れているだけで、いつかは来るんだとしているわけ。でも、「マルコによる福音書」では復活がなかったとなると、復活信仰というのはもしかしたら成立しないかもしれないという、もう極めて面倒くさいことになってくる。この「実はなかったんだろう」ってことをやっているのが、さっきの東大西洋古典学科で『新約聖書』を勉強した人たちです。

あの人たちは「マルコによる福音書」の研究ばかりするんですよ。そうして、無神論的な信念をガンガンと強めていくわけ。

ちなみに、私がよく書くことだけど、高校入試や大学入試で「キリスト教の創設者は誰か?」って問題が出たとしたら、「キリスト」と書けば○をもらえます。でも、神学部の期末試験とか大学院神学研究科の入学試験で、同じ出題に「イエス・キリスト」って書いたら、これはもう完全に単位を取れないし、神学研究科には進学できない。イエス・キリストは、自分のことをユダヤ教徒と思っていたことは間違いなくて、新しい宗教をつくったとは全然思っていませんでしたからね。

じゃあ、キリスト教をつくったのは誰かというと、パウロですよ。教祖がイエスで、開祖がパウロと言ってもいい。このパウロはもともとキリスト教の弾圧をやっていた男なんです。パリサイ派で、女性差別主義者で、それから長いものには巻かれろっていうタイプ。ローマ帝国とはケンカしない、強い者とは決してケンカしないというポリシーの持ち主で、非常に弁は立つ。ギリシャ語に堪能で、ローマの市民権も持っている。

その彼がキリスト教徒を弾圧しに、シリアの首都として最近のニュースに盛んに出てくるダマスカスへ行こうとしていた。その途中で急に光に打たれて倒れるわけ。気がつくと、目が見えなくなっている。そうしたら「サウロよ、サウロよ」と声がする。当時はサウロって名前だったんです。「どちらさまですか」と問うと、「お前が弾圧しているイエスだ」と。そして「ダマスカスへ行って、何番地の家に行け。そうしたらアナニアという人間がいるから会うがいい」。

それでダマスカスに着いて、指定された場所へ行ったら、アナニアも同じような夢を見ていて、「サウロっていうやつが来るから、見た夢の話をしてくれ」と言われたんだと。そんな話が「使徒言行録《しとげんこうろく》」にあるんですよ。そこからサウロは別人になった。そして、パウロと称するようになります。教団でぐんぐん力を伸ばしてきて、結局、彼がユダヤ教とは別のキリスト教という宗教をつくったわけです。

不可能の可能性に挑む

当初、ユダヤ教とキリスト教は、けっこうナアナアで仲良くやっていたんです。教会に入ってくる時は、男性の場合は割礼《かつれい》、おちんちんの皮を切ることが条件でした。ところが、非ユダヤ人にキリスト教が広がっていくと、何も割礼をしなくてもいいんじゃないかという議論が出てきた。そこでパウロは「割礼なんて必要ない」という立場を取った。われわれは水による洗礼を受けているんだから、そんな肉体的な信仰の印なんかいらないんだ、と主張したんです。そうしたら「お前、何を言っているんだ。ユダヤ教徒とケンカするのか」となって、それでユダヤ教と完全に決別して、パウロはキリスト教という独自の新しい宗教をつくると共に、いまのトルコとかシリア、さらにギリシャ、ローマをグーッと回って伝道をして、キリスト教が世界宗教になる土壌をつくりあげたのです。

同時に、権力との関係においては、「権力に対して抵抗するんじゃなくて、上からの権力というものには従うものだ」と。なぜなら、「神の意思によらずして立った権力はないから」と言うんです。そういう非常に保守的な人だった。だからパウロは、キリストの教えをねじ曲げたイカサマ師だったというのが、一九世紀の聖書学を研究する人の間の常識になっていました。今でも福音書研究者の中では、パウロの位置はあんまり高くないし、あまり研究の対象にしたがらない。

あるいは宗教批判をする時、キリスト教を否定して、イエス教なんだという人もいます。キリストからイエスに戻るべきだと。キリストというのは「油が注がれた者」という意味で、転じて救い主ということです。イエス・キリストというのは、イエスという男がキリスト、つまり神のひとり子で救い主だということだから、そもそもキリストという考え方自体に問題があるんだ、と唱える人たちがいるわけね。イエス教でなくなった諸悪の根源は全てパウロだという考え方で、一九世紀の後半まではそれがアカデミックな聖書学では主流だったわけ。

そんな時代に、みんながゴミだと思っているような「ローマの信徒への手紙」というテキストを、バルトは一生懸命独自の翻訳をして、註解をしていった。その結果、バルトはもう一度、神というものを再発見するわけです。人間が神についておしゃべりをしている内容は、もうまったくキリスト教が言っている神とは関係のない話だと喝破した。それは人間が作っているイメージ、人間の願望を投影しているだけで、まさにマルクスが言っているような宗教だと。そうではなくて、上にいる神、あるいは外部にいる神、こういう存在がわれわれにどうやって働きかけてくるか、そこに耳を傾けないといけない。それこそが神学なんだと、もう一回、外部性というものに着目するわけです。ここで、シュライエルマッハーが唱えた「心の中にいる神」からもう一度、「上にいる神」へと神は居場所を変えたと言えます。しかし、その「上」はかつての「上」ではありません。レヴィナスふうに言うと、「外部性」と呼んでもいい。外部にいる神、になった。

バルトは、人間は神ではないから、原理的に神について語ることはできない。知ることもできない。しかし、牧師というのは神について語らないといけないんだと。神について語るのは不可能だけれど、不可能だからと諦めたらいけないんだ。不可能だけれども、やらないといけないことはある。不可能の可能性に挑まないといけない。これをバルトは言い始めた。〈不可能の可能性〉というところからもう一回、神の言葉を見直そうと「弁証法神学」に取り組み始めました。不可能なことを可能にするという、その弁証法、という意味合いですね。あるいは危機の時代の神学だから、「危機神学」と呼ばれもします。

バルトは第一次世界大戦が終わった翌一九一九年に『ローマ書講解』を刊行しました。発表直後は無視されて、バルトは支配階級の神学者たちから変人扱いまでされましたが、ドイツが混迷を深めるにつれ徐々に見直され、やがて決定的な影響力を持ち始めます。この本から、神の居場所が再び「上」になったのです。

こう見てくると、マルクスの宗教批判というのは、近代的な神学においてはある意味では大前提になっているというのが分かりますよね。このバルトの流れをひかないところに近代的な学問的神学というのはありませんから。ただし、日本では、バルトはちょっと神格化されすぎています。特に東京神学大学においては、その傾向が強いです。

西田幾多郎《にしだきたろう》もバルトに強い関心を持っていました。滝沢克己《たきざわかつみ》という九州大学の非常に優れた哲学の学生が、西田幾多郎に「ハイデッガーの下で勉強したい」と相談に行ったら、「フライブルク大学でハイデッガーに学ぶよりも、ボン大学に行ってバルトに学んだほうがいい。はるかにバルトのほうが物事に深く取り組んでいるし、日本にとってもバルトから学ぶことは重要だから」と説得されます。それでバルトに学ぶために滝沢克己はドイツに行って、後に優れた哲学者、神学者になります。

ナチスと愛人

滝沢が留学したちょうどその頃に、ドイツではナチスが権力を奪取しました。ボン大学教授は国家公務員でしょ。だから、総統への忠誠を誓わないといけないということで、「総統に全面的な忠誠を誓います」という文書にサインをさせられることになった。ところがカール・バルトは、たった一人だけ留保条件をつけました。「プロテスタント教会の一員として従える範囲において」と。これがヒトラーの逆鱗《げきりん》に触れて、バルトだけはボン大学の教授職を辞することになります。それでバルトはスイスに戻り、やがて反ナチスのドクトリンを作り上げます。

バルトの盟友だったフリードリヒ・ゴーガルテンという、やはり非常に優れた神学者がいました。戦前に長崎書店というところから翻訳が出た『我は三一の神を信ず』という本はすごくいいものなので、私が解説をつけて新教出版社から復刻版を出してもらいました。

このゴーガルテンに言わせると、決断というものは土地や民族と離れてはあり得ないんだ、と。そうすると、アーリア人種であるドイツ人の決断の対象というのは、アドルフ・

ヒトラーになる。総統に対して決断しなきゃいけないと。すなわち、われわれはドイツ的なキリスト教徒にならないといけないという論理を組み立てていくのです。

それに対してバルトは、そんなことはあり得ないと反駁《はんばく》します。ヒトラーは、キリスト教の周辺で、ドイツのプロテスタンティズムの表象をいろいろと利用するけれども、その本質においてはニヒリズムである。何も信じていない。キリスト教は共産主義と戦うために、ナチズムに可能性を求めているけれども、あれはニヒリズムの革命じゃないか。徹底的にナチスを否定して、ナチスなんか平和的な話し合いで解決できる連中じゃない、武器をとって叩き潰さないとダメだ、殺しちまうしかない、と主張します。バルトって、こういう激しい発想の人だったんですよ。

実際、バルトはスイスへ帰ってから、地下活動をしている教会の支援をするとともに、自分も当時五〇歳を回ってたんだけども、志願兵となり、老兵として鉄砲を担いでスイスとドイツの国境警備を担当していました。だから、仮にナチス・ドイツが勝利してスイスに入ってくることがあれば、確実に処刑されていたでしょう。

ところが、それほどナチスに抵抗したにもかかわらず、第二次世界大戦後の東西冷戦の時は、ほとんどのキリスト教が反共の方向へ流れていったのに、バルトは「共産主義にも与《くみ》しないし、反共主義にも与しない、第三の道だ」と主張しました。そういう神学者なんです。

そして後半生においては、ほとんどのエネルギーを『教会教義学』という長大な本に費やしたのだけれども、未完のまま終わっています。それが、なんて言うのかな、内容的には当初の仮説が全部否定されていくという本で、最終的には大変な破綻を来しているんですが、それでもなお非常に面白く、かつ刺激的です。

私がさまざまな問題に直面したり、ものを考えたりする時、宗教の関係でも、あるいは政治情勢を見たり、あるいは「イスラム国」を見たりする時においても、その根っこにあるのはバルトのものの見方、考え方と非常に近いと思っています。私がバルトよりも深く影響を受けているのは、チェコの神学者のヨゼフ・ルクル・フロマートカという人だけれども、今あえてバルトに焦点を当てているのは、バルトの著作はほとんどが翻訳されているからです。読み解き方さえ分かれば、バルトの著作は、みなさんの力で読んでいけます。そうすると、今まで見えていたものが別の形で見えてくる。

ただ、バルトの本を読んでいると素晴らしいなって思うけれども、人格的には破綻していました（会場笑）。まず酒飲みで、それからパイプが大好き。だから日本のクリスチャンはここでショックを受けるわけですね。でも、その先があって、シャルロッテ・フォン・キルシュバウムという一三歳年下の女性看護師と知り合って、「君は才能があるから、うちに来い」なんか言って、バルトにはネリーという奥さんがいるんだけど、彼女も一緒に住むようになった。シャルロッテはタイプも上手いし、勉強熱心だし、手紙のやり取りも任せられる有能な女性でした。そしてバルトは、「着想が湧いたら、すぐに相談しないといけないから」と、寝室も隣にして、奥さんを遠くにやっちゃう（会場笑）。そのあまりのおぞましさに、シャルロッテの家族は彼女と連絡を絶ってしまいます。

さっき言ったように日本ではバルトは神格化されているから、こんな話はほとんど出てきませんけどね、欧米のフェミニズム神学の人たちはバルトなんか口にするのも嫌だという感じでいるんです。晩年の代表作である『教会教義学』という本も、バルトはタイプを打てないから、基本はシャルロッテに向かって口述して、彼女がタイプを打って、それにバルトがさらに筆を入れる。弁証法というのは対話によって成立しますが、バルトの弁証法的な神学は、むろん自身と心の中で対話を重ねながら思索を深めたのでしょうが、シャルロッテとの間の対話も重要な役割を果たしました。

そういうふうに、あんまり健全でない人間関係の中からできているから、例えば『教会教義学』第三巻第四部「創造論」の中に「男と女」という箇所がありますが、バルトは「結婚という形をしても、真に心が通じていなければ、それは愛ではなく」と言うわけです。「結婚以外の形態にもいろんな愛の形態がある」とか長々と書いていて、教会の勉強会では「バルトはじつに深い。人間の深いところを見ている」ってなるんだけど、それはそうですよね、愛人と一緒に書いてるわけですから、「結婚しか愛の形じゃない」とか口述したら、さすがに隣からぶん殴られるからね（会場笑）。

ライフワークだった『教会教義学』がついに未完になってしまったのは、やっぱりそういうテンションの中での生活が大変だったせいもあると思うけど、シャルロッテが脳を患って病院に隔離されてしまったんです。それと共に、バルトは作品を全然書けなくなりました。シャルロッテと対話することによって書いていた作品だからですね。シャルロッテが入院したのは一九六〇年代の前半、『教会教義学』第四巻第三部「和解論」が出たのは一九五九年、その後バルトが公刊できたのは六七年の第四部「断片」だけでした。その「断片」には「愛する妻ネリーへ」と（会場笑）。こうなると、人間的にいかがなものかとは思うんだけれども、人間性とテキストは神学においてもいちおう別にして考えなきゃいけないからね（会場笑）。

ちなみに、バルトがいかにそっち方面でひどい人間だったかというのはインゲ・シュテファン『才女の運命』という本で読めます。あむすくという出版社から翻訳が出ています。副題が「有名な男たちの陰で」というように、いろんな才能のある女性たちがいかに男の犠牲になったかを紹介している本ですが、その中の一人としてシャルロッテも取り上げられています。私はこの本を読んで初めて知ったんだけれども、あれだけの仕事をやらせておいて、印税をびた一文払ってないのね。そもそも家に一緒に住んでいても、食べさせてやるだけで、あとは小遣いを今の日本円にしてせいぜい月に二万円ぐらい渡しているくらい。ほんとに彼女を奴隷状態にして搾取《さくしゅ》しているわけだね。

でもね、神学者というのはそういう変なヤツが多いんですよ。やっぱり、人間の魂とか心に触れるって仕事をしていると、距離感覚をしばしば間違えるのです。だから私の周辺でも、よく人の相談に親身に乗ってやるような牧師っていうのは、しばしばトラブルを起こすんだね。むしろ、なんだか少しボーッとしているとか、「この先生、なんか頼りない」とか「不誠実な感じがするわ」みたいな、距離を置いている牧師の方が、実はどのへんまで踏み込んでいいかをよく見ながらやっているから、宗教人としてはより優秀な場合も多いんだよね。

純粋な主観なんてない

じゃあ、もう少しマルクスを読みましょう。

たしかに宗教は、人間が人間らしい生き方をまだしていないか、もうできなくなっている場合の、自己意識であり自己感情である。

要するに、深い悩みとか悲しみに襲われている人間は、自分の置かれている状況を理屈だけで解明するなんてことには、当然耐えられない。救済や希望的観測などを入れて、自分自身の姿というのを意識するしかない。そういうことだよね。

これは現代でもそうです。例えば私だって、目下最大の問題は、国際情勢云々や明日朝までの締切とかじゃなくて、私の飼っているシマというネコの溶血性貧血がどうなるのかという問題なんです。一〇日入院させて、少しヘモグロビン値は上がったけれども、この二日間また餌を食べないんです。薬を飲ませても吐いちゃう。おそらくは胃液を何回か吐いているうちに食道が焼けちゃって、食べ物を飲み込むことができなくなっているんだよね。だから今、私はすべてのアポイントを動かしながら、毎朝一〇時から一一時の間、皮下点滴をしてもらいに近所の動物病院まで運びに行っています。この時間調整をどうやってつけるかというのが私の喫緊《きっきん》の課題なんだよね。

しかし、データだけ見ていると、シマはもう長くないと思うし、シマに苦痛を与えたらいけないとも思うんだけど、やっぱりシマには少しでも長く生きてほしい。そばにいてほしい。でも、それは単に拾ってきた捨てネコに対する思いだけではなくて、私がちょうど作家になるという時に拾ってきたネコだから、いろんな自分の思いというのをシマへ過剰に仮託しているわけなんだよね（佐藤註＊その後、シマは危機を脱し、二〇一六年一〇月現在、通院加療を続けながらも、元気にしている）。だから、単なる家畜に対する扱いと違っちゃっている。でも、それは明らかに宗教的な感情だし、人間らしい感覚というのが持てなくなっている状況だと自分でも分かっている。マルクスが書いているような認識はあるよね。

じゃあ、先。

けれども人間というものは、けっしてこの世界の外にうずくまっている抽象的存在ではない。人間、それはつまり人間の世界のことであり、国家であり社会のことである。

人間というのは抽象的な存在じゃない。物質的な存在であるけれども、同時に社会的存在である、ってことですね。例えば今われわれはここで日本語で話をして、それで物事を理解している。厳密にお互いどこまでコミュニケーションができているかというのは、これまたコミュニケーション論ですごく難しい問題になるけれども。ただ、言語というのは、私的言語というのは存在しないからね。自分の中で独語的に何かをやりとりしている時でも、必ず複数の自分が存在すると想定して、言語になっているわけだから。

そうすると、言語によって何かを考えるという作業をしている以上、そこには必ず社会があるわけ。複数性があるのだから。ということは、純粋な主観って存在しないんだよね。主観というのは、常に共同主観なんだ。あるいは人間と人間の間にある主観だから、間主観なんだな。このへんのところから現象学へとマルクスをつなげていくことも可能なわけです。

「イスラム国」の意味合い

先へ行きましょう。

この国家、この社会が、宗教という倒錯した世界意識を生みだすのは、この国家、この社会が倒錯した世界であるためである。

宗教というのは、社会の状況から生まれてくるんだと。つまり「イスラム国」が生まれてくるのは、これは「イスラム国」が生まれてくるような社会状況があるからだよね。例えば、なぜシリアとイラクとの国境はあんな直線なの？　第一次世界大戦中、英仏露で秘密裡にオスマン・トルコ帝国の分割を決めたサイクス＝ピコ協定のせいだよね。普通、あんなに国境が直線なはずないじゃない？　そこに住んでいる人々の宗教とか部族とか、あるいは民族の萌芽《ほうが》になるようなエスニシティとか、そういったものをまったく無視したところで、植民地の境界線をそのまま押しつけたからあんなにきれいな直線になる。逆に言えば、首都とその周辺とか、自分たちの部族とかしか統治できないような不充分な国家が誕生してしまったわけです。

そうすると、「イスラム国」に対して批判的な人でも、「一つすごいことやったな」と思っちゃうのは、今まではアルカイダにしたって、「シリアではこういうふうに行動しろ」「イラクではこういうふうに行動しろ」と言って、既存のサイクス＝ピコ協定の国境線を前提にした形で行動していた。しかし、その国境線自体が植民地主義によって押しつけられたものであるのは客観的に明白でしょう？　だから、イラクとシリアにおける「イスラム国」はサイクス＝ピコ協定を無視するという点で、それなりの存在意義を持つ、という見方もできるわけです。

あるいは、シリアを見てみましょう。アサド政権というのはシーア派だっていうけれども、アサド大統領はシリアの人口の一二％しか占めていないアラウィー派出身です。アラウィー派というのはイスラム教とも少し異なる、輪廻転生なんかが入った土着の山岳宗教の人たちです。キリスト教の要素も含まれていて、クリスマスも祝うんですよ。それが七〇年代になって、レバノンのシーア派指導者から強制的にシーア派の認定を取ったのです。

アラウィー派はもともと被差別民でした。なんでこの人たちが力を持つようになったかと言えば、一九一九年のベルサイユ講和体制の下で、シリアが委任統治という名目でフランスの植民地になったからです。フランスは、今までの被差別民だったアラウィー派を、地元の警察や行政や秘密警察として登用したんです。多数派に権力を握らせると強力な独立運動が起きかねませんからね。少数派だと、フランスに頼らざるをえなくなる。そう踏んだフランスによって生まれた統治システムがずっと生き残っているわけ。

権力はアラウィー派が独占していますから、人口では遥かに多数派であるスンナ派の人たちは、エリートへの道を閉ざされたままです。それだけじゃない。二〇一一年に北アフリカや中東で「アラブの春」が起きた時、シリアにおいても民主化運動が起きたのだけれども、ムスリム同胞団がいなかったから政権は倒れなかった。どうして？　一九二〇年代にエジプトのハサン・アル＝バンナによってつくられたムスリム同胞団系の組織はシリアにもあったのですが、八〇年代に今のバッシャールの父親ハーフィズ・アル＝アサド大統領によって皆殺しにされたのです。シリアの人口は当時一〇〇〇万くらいですが、そのとき実に二万人が虐殺されたと言います。そんな目に遭って来たスンナ派の一部の人たちにとっては、アサド政権の体制下にいるよりはまだ「イスラム国」のほうがいいよとなる。

あるいは、サダム・フセイン体制のイラクで、スンナ派というのは指導的な層にいました。ところが人口の大多数がシーア派だった。アメリカがサダム政権を叩き潰した後のイラクで、アメリカの傀儡《かいらい》政権であるマリキ政権ができましたが、これはシーア派です。シーア派はイランの国教ですから、イランもアメリカの傀儡政権を支援するという珍しい展開になりました。このマリキ政権は極端にシーア派を登用して、あとはクルド族を大切にして、その分のしわ寄せが全部スンナ派に来たんです。この人たちには、マリキ政権よりは「イスラム国」のほうがましと思えたんだよね。そういう人民の受け皿の意味合いが「イスラム国」にある。

ちなみに、そういう状況で日本が人道支援をするというのは、どういう意味がある？エジプトとかトルコとか周辺国に人道支援をするというのは、「逃げてきなさい」ってメッセージだよね。「こっちに来れば生きていくことができるから」と。もし日本が人道支援をしなければ、「イスラム国」の領域の人間は「イスラム国」の領域に留まらざるを得ないわけ。「イスラム国」の側から見るならば、日本が人道支援で経済的な支援を行うから、「イスラム国」から人は逃げていくわけだよね。それは破壊活動、敵対行為以外の何ものでもない。これを人道支援っていう形でいくら説明しても、向こうにとってそんな説明は成り立たないんです。日本は、このあたりの当事者性をもっと重く認識しないといけない。

こうして見ていくと、われわれからすれば倒錯したような宗教が出てきて、なんでああいったものが力を持ってしまうのかと思うんだけれど、中東に行けばあれはあれなりの理屈があるんだね。

ウサギのツノを議論しても

そんな中で、われわれの記憶に生々しい二人の人質、湯川遥菜《ゆかわはるな》さんがまず殺されて、続いて彼を救出しに行ったフリージャーナリストの後藤健二《ごとうけんじ》さんも殺されました。「イスラム国」側は、殺害を明らかにする前にいろんな交渉を仕掛けてきましたね。あれはみんな、擬似問題にとらわれていました。擬似問題、擬似命題って何？　前提に深刻な誤認があるので、最初から答えが出ない問題のことですよね。例えば「ウサギのツノの先は尖っているか、丸いか」というような命題、質問。これについて議論しても意味ないでしょう。ウサギにツノはないのだから。

「イスラム国」が二億ドルの身代金を要求しました。それに対して身代金を払うべきか払わざるべきか、そんな議論になっていた。これは、実はウサギのツノと一緒。どうしてか？

伊勢丹の紙袋があるよね。あれくらいの紙袋に一万円札をいっぱい詰めて、だいたい五〇〇〇万円。一〇〇ドル札だったら五〇万ドル。二億ドルっていうと、それが四〇〇袋できる。しかも足がつくから新札はダメよと言われても、二〇〇万枚の使い古しの一〇〇ドル札なんて、世界中駆け回っても七二時間では集められないよ。じゃあ銀行送金すると言っても、テロリストへの身代金をどこに送金する？

実は、一九九九年にキルギスで起きた人質事件の時、ある外務官僚が極秘裡に三〇〇万ドルだったかな、カネを頭陀袋《ずだぶくろ》に詰めて運んだんです。あの時、三〇〇万ドルでさえドル札を調達するのは大変だった。

ならば、金塊で払おうと思っても、四・五トンにもなる。とても「イスラム国」のいる山岳地帯へ持って行けないよね。そう、札束だって重いんですよ。一億円、一万円札が一万枚で一〇キロある。ドルも同じで一〇キロぐらいだと思うけれども、それだって二億ドルなら二トンだぜ。どうやって引き渡す？　二億ドルの身代金なんていうのはそもそも実現可能性がない要求なんですよ。ということは、目的はカネじゃない。彼らの宣伝ですよ。

もうひとつ、ヨルダンに拘束されていた死刑囚の解放というのも、まじめに要求していたとは思えないな。むろん、まじめに要求していなくても、瓢箪《ひょうたん》から出た駒で、実現したらいいなくらいには思っていたかもしれないけれども。

彼らの目的というのは簡単ですよ。「イスラム国」がやろうとしていることを世界に伝えたい。彼らは世界でイスラム革命をやろうとしている。それに対しては、敵と味方のどちらかしかいない。中間はいないんだと。「人道支援だけしている」と言う日本も敵なんだと。この主張をイスラム世界で可視化するということをやってみせたんです。

別の側面を言うと、日本のイスラム教徒の中で、「イスラム国」にシンパシーを持っているみたいなことを言う人は、ごく少数だけどいる。ただ、「イスラム国」から見れば、そういった人たちは不充分なんだね。日本においても口先だけじゃなくて、ちゃんと行動で示してもらわないといけない。決起しないといけない。そのためには「イスラム国」支持者たちが日本の中でどんどん孤立させられて、コーナーに追い詰められていく必要があるわけ。こんな目的からすると、「イスラム国」は非常に合理的に行動しているわけだ。

だから、「七二時間以内に二億ドル」なんて要求について口角泡を飛ばす議論をするというのは、一方的に彼らの土俵に乗せられたってことです。はっきり言えば、こういう交渉事が表に出てくる場合は、もう人質は殺されたに等しい。向こうは戦争をやっているわけで、取引の余地がない。仮に安倍首相があのタイミングで、カイロで二億ドルの難民・避難民支援などの人道的支援を発表しなかったとしても、どこかのポイントで二人は殺されたと思う。安倍さんのカイロでの発言はきっかけにはなったけど、原因じゃない。

われわれの前提としてのマルクス

じゃあ、次、行きましょう。

宗教は、この世界の一般理論であり、それの百科辞典的な綱要であり、その論理学が通俗的な形をとったものであり、それの精神主義的な名誉問題であり、それの興奮であり、それの道徳的是認であり、それのおごそかな補足であり、それの慰めと弁解の一般根拠でもある。宗教が人間の本質を空想的に実現したものであるのは、人間の本質が真の現実性を持っていないからである。だから宗教に対する闘争は、間接的には、宗教を精神的香料として用いているこの世界に対する闘争である。

宗教の機能って何なのか？　世の中で起きていることを、森羅万象を説明することができるのだから、実践的なものなんです。百科辞典という言葉が出てきましたが、英語の「エンサイクロペディア」（百科事典）には〈円環をなしている〉って意味が入っている。つまり、閉ざされているんです。だからウィキペディアは百科事典じゃない。ウィキペディアって、進化して発展していくでしょ。だから円環をなさない。実は宗教も閉じてないといけないんです。「イスラム国」の根っこになっているのはスンナ派の原理主義グループであるハンバリー法学派で、さらにその中でも過激なワッハーブ派です。彼らの考え方は、イスラム教の聖典であるコーランとムハンマドの伝承集であるハディースにこの世のすべての真理が書かれている、という形で閉じられています。閉じられているからこそ、すべてのことを説明できるし、指示もその中から出ている、となりえるんですね。

彼らが考える「カリフ帝国」というのは、ある意味において、空想的に人間が持ち得る一つの理想を掲げているものだと思う。そして、彼らの闘争は、政治闘争でもあるんだけど、同時にやはり宗教闘争なんですね。宗教というものが本来持っていた激しさ、われわれ近代人が考える宗教では世俗化して、抜け殻のようになってしまっているけれども、宗教がもともと持ち得たエネルギーと危険性を表しています。

だからこれは近代の限界が、マルクス主義的な反抗やアナーキズムの運動といったものではなく、宗教という形で現れてきたと見ることができるのです。そこで、「イスラム国」やイスラム教ということに限らず、宗教というものをどういうふうに受け止めて、どういう評価をしていくか、その考え方の道筋を私は作っていきたいと思っています。

それで、こうやってマルクスを丁寧に読んでいるのですが、次回も同じようなペースで読むので、一五ページのうち最初の二ページしか進めません。でもね、実はその後の論考は大して意味がない。最初の二ページをいかに丁寧に読んでいくかによって、宗教に対する基本的なマルクスのスタンスを、われわれは追体験することができるんです。

繰り返しになりますが、マルクスがしているような宗教批判、宗教が人間をつくったのではなく、人間が宗教をつくったなんていうのは、現代のわれわれが神を語る時の前提です、当たり前の話なんです。しかし、理屈からすると当たり前に見えているようなもの、それから理屈からすると荒唐無稽に見えるようなもの、それらがなぜ力を持ってしまうかを考えるのは、その先の応用問題なんですよね。宗教というものはそう簡単には消えないものなのだから、まず前提をカチッと押さえておかないといけない。

では、次回までの課題を出しておきます。次回講座の前日までに新潮社の方へメールで下さい。

問一「中世から近代への転換——神の位置がどう変化したか」。これはもうさっきから説明した通りだね。

問二「宗教的批判の根本は、宗教が人間をつくるのではなく、人間が宗教をつくることだとすると、このことについて具体的な事例を挙げて説明せよ」。何か自分の身の回りのことでエピソードを見つけてほしいんです。

問三「マルクスの宗教批判に賛成するか、それとも反対か。賛否を明確にして、あなたの意見を書いてください」。

問四「バルトによる神の再発見というのは、根源的な宗教批判でもある。このことについて説明せよ」。これは、安直に済ませるのだったら、二〇一五年に出た「現代思想」が柄谷行人《からたにこうじん》さんを特集した臨時増刊号で、柄谷さんと私の対談を見てくれればいい。対談の三分の一くらいを割いて、バルトについて語り合っています。もう少し本格的に読みたいのだったら、ちょっと手に入りにくいんだけれども、講談社から出ている「人類の知的遺産」シリーズで大木英夫《おおきひでお》さんが書いた『バルト』。あるいは今日名前の出た滝沢克己さんの『カール・バルト研究』（法蔵館）。このあたりに目を通してもらうといいと思います。あるいは、新教出版社から出ているツァールント『20世紀のプロテスタント神学』か教文館のマクグラス『キリスト教神学入門』。あと、やはり教文館から二〇一三年に出た『キリスト教神学の主要著作　オリゲネスからモルトマンまで』。これは四三二〇円するけど、その価値は充分ある。要するにドイツの大学の神学部に入った一年生用の教科書なんだけれども、日本の水準からすると、だいたい大学院の二年目ぐらいでやる内容。だけど、非常に分かりやすく書かれています。

問五は「『イスラム国』は何を目指しているか」にしましょう。

問二、問三は応用問題ですけど、考えてみると力がつきますよ。

〈質疑応答〉

受講生A　先ほどの「イスラム国」の身代金のお話ですけれども、テロリストには現金でしか渡すことができないというふうにおっしゃっていましたが、テロリストのエリアの中にある銀行に送金することはできないんでしょうか。

佐藤　できないです。というのは、今は国連でテロ資金の送金をやった銀行は免許を取り消されちゃいますから。ですから銀行はそのリスクは冒さない。それからテロリストだって、そんな銀行のところからカネを下ろそうとしたら、そこのところで捕まっちゃうでしょ。

だから人質の交換でも、テロリストの側が何を一番警戒するかというと、交換した瞬間に皆殺しにされる可能性ですよ。そして、彼らが約束を守るとは限らない。「そんな約束などしていない」と言って、日本なら日本を世界中に対して大恥をかかせる、そんなやり方だってあるわけですよ。だから、ああいう人たちとの交渉って難しい。

受講生A　東大の西洋古典学科の成り立ちの話も面白かったんですけど、それ以前はどういう状況だったんでしょうか。

佐藤　西洋史学科がやっていましたね。だから西洋史の枠の中でやっていたんです。

受講生A　西洋史は、ラテン語もギリシャ語もやっていたんですか。

佐藤　そうです。だから西洋古典学という教室を独立させたというのはやっぱり戦後……。

受講生A　日本人に聖書を読ませるため？

佐藤　そういうことです。そういう形でつくった学科が、逆に反キリスト教の牙城みたくなったわけですね。それは、ある意味で非常に結構なことだと思うんだけれども。

今日の蛇足を言うと、やはりマルクスというのはお得だと思うんだ。これだけ翻訳が出ていて、相当研究も進んでいる。さまざまな人たちが積み重ねて来た知的営為は相当なものがあって、日本語でかなり深いことが知れるし、マルクスの思考について知っておけば、反対の立場を取るにしてもいろいろ応用可能です。思想は流行り廃りがあるから仕方ないけど、逆に言えば新潮社版『マルクス・エンゲルス選集』の古書は運がよければ安く買える、バラで買っていったら一万円以下で全一六巻を揃えられるんじゃない？　一冊ずつでも読んでいくと面白いと思いますよ。

受講生B　今日のお話にもありましたし、『神学の思考』を読ませていただいた時にも思ったんですが、バルトってかなり胡散臭《うさんくさ》い人だなというのが最初の印象でした。今日おっしゃった結婚のところとか、「教義学と倫理学は切り離せない」と言いつつ、どうも言ってることとやってることが違うみたいで……。職業人と家庭人があるとして、分裂している近代そのものを背負ってしまったからかなという気がしたんですけど、そのへんのところはどうでしょうか？

佐藤　これはすごく鋭い視点で、ご指摘のとおりだと思うんです。彼は近代の限界のところにいたんですね。あるいはスイスという国とも関係するかもしれない。スイスというのは、宗教によって成り立っている国でもなく、民族によって成り立っている国でもなく、要するに株式会社みたいなものなんですよ、一種の約束をして、その約束の上で一緒にやりましょうという人たちが集まっている国。ある意味ではアソシエーション的なんですよ。

さっき言った柄谷さんとの対談で、柄谷さんに指摘されてハッと思ったのは、「バクーニンとかプルードンとか、いろいろそういった無政府主義者って、みんなスイスを根城にしてるよね」と。それは確かにそうなんです。ある種、アナーキーな人が出てきやすい国なんですね。バルトもまさにそういう人で、自分自身はさまざまに分裂していたんだけれども、ただ、近代的なものを超えることを、理屈で説明できたわけですよね。

そして、理屈を超えて、実践しようとした人という点で、私はフロマートカに強く惹きつけられたのです。フロマートカは戦後、アメリカのプリンストン大学で教鞭を取っていたのに共産主義国家だったチェコスロヴァキアへ戻り、信仰を貫き通して亡くなりました。

バルトがフロマートカに公開書簡を書いているんです。一九三八年にナチスがズデーテン地方を併合した時のことです。同年のミュンヘン会議で、ヒトラーが〈民族統合の原則〉を強弁し、チェコスロヴァキア領でドイツ人人口の多いズデーテン地方の併合を決めます。会議の場にいたのはイタリアのムッソリーニ、フランスの首相ダラディエ、イギリスの首相チェンバレンで、チェコのベネシュ大統領は呼ばれていません。ダラディエもチェンバレンも、ヒトラーの恫喝《どうかつ》に対して手を拱《こまね》いているだけで、何も出来ませんでした。ここでチェコスロヴァキアは事実上解体され、第二次世界大戦へと繋がっていきます。

バルトはフロマートカへの公開書簡で、「かつてのフス主義者の末裔であるあなたがたは、あまりにも柔弱になっているヨーロッパに対して、今日でもなお力強い男たちがいるのだということを見せてもらいたいのです」と書いています。要するに「ヒトラーとムッソリーニに対して武器をとって戦え」「ヨーロッパの男の中の男がまだ残っていることを示せ」「チェコの人間はフスのように、負けると決まっていても戦わないといけない時があるんだ」といったような書簡をフロマートカに無断で公表するわけ（会場笑）。おかげで、フロマートカはゲシュタポに追われて殺されそうになって、ほうほうの体でスイスに逃げていきました。

あと、ドイツのルター派の若手の神学者で、ハルナックの指導を受けたディートリッヒ・ボンヘッファーというすごく優れた神学者がいたんです。彼は二〇代初めに『聖徒の交わり』というすばらしい本を書いて神学的天才と呼ばれていて、ナチスが台頭してからはニューヨークへ留学していた。彼にバルトが手紙を書くわけ。「お前、祖国がこういうふうになっているのに、のほほんと留学している場合か。戻って、抵抗運動をやるべきじゃないか」と。

それでボンヘッファーはドイツに戻って、ナチス・ドイツに協力しない牧師たちのネットワークの学校をつくって、うまく合法と非合法の線のギリギリのところにいて、さらにドイツ国防軍へ入った。実はドイツ国防軍というのが、ナチスに対する抵抗の拠点だったんだよね。そこでボンヘッファーは国防軍の仕事としてイギリスの情報を探るという名目で、スイスでイギリスの諜報機関と接触するわけ。その中でヒトラー暗殺計画を組み立てていったんです。それが一九四四年七月二〇日にヒトラーを総統大本営の「狼の巣」で殺そうとした暗殺計画です。あわやのところでヒトラーは助かり、ボンヘッファーは捕まって処刑されてしまいます。ボンヘッファーは、宗教がなくなったあとのキリスト教にはどういう意味があるかとか、完全に世俗化されているもとでの神には意味があるかとか、そういったメモを書き残しています。

バルトやフロマートカは、天国のノートに名前を書かれているから逃げ切れる、成功すると確信していたんじゃないかな。彼ら自身はスイスの安全地帯にいたわけだけれども。だから、バルトはたしかに分裂していて胡散臭いんですが、その胡散臭さの中に、ある種の真理もあるんですね。それを発展させようとしたり巻き込まれたりした人は、だいたい悲劇的な結末になってしまう。でも面白いんです。

受講生C　「宗教が人間をつくるのではなく、人間が宗教をつくる」のは神学では前提だとおっしゃいましたが、それはつまり神の存在というものが前提であって、宗教というのは人間のつくった神がいる上で、いろいろな教えや宗派があるということでしょうか？

佐藤　それはちょっと違うんですよ。

というのは、人間は有限なものでしょ。「有限なものが無限である神を知ることができるか」って、中世の命題にもあるんだけれども、われわれが神だという形で思っているもの、あるいは言語で規定するものは、キリスト教やユダヤ教でいう神ではないんだよね。

だから人間の側からいうと、不可知論ということになってしまうけれども、神学というのは不可知論では我慢できないわけなんだ。我慢できなくて、不可知論であり、理屈では説明できないんだけれども、やっぱり〈ある〉と言いたいんだな。

その神が〈ある〉というのは、静的にそこにいるというのではなく、動的に神がほっつき歩いているとか、常に変容していくってイメージなんですよね。一九八三年に浅田彰《あさだあきら》さんが、勁草書房から『構造と力』っていう本を出した。あの中で彼が言っているような力です。つまり「シラケつつノリ、ノリつつシラケる」というような力を動かしているものが、キリスト教でいうところの神とすごく近いところだと私は感じます。あるいは仏教の言葉でいうと「縁」とかね、ああいうものもキリスト教が神という言葉で言おうとしていることと非常に近いと思う。ただ、それは存在として何か定義できるってものではどうもない。

神学というのもいい加減な学問なんですよ。要するにあまり突き詰めたことを言うと、信者が来ないでしょ。「あの先生のところに行くと、なんか訳の分からないことを言われる」とか「なんか救われたっていう感じがないな」となると、誰も寄りつかなくなっちゃう(会場笑)。そうすると営業用の神学と、本当に自分たちで考える神学と、両方あるわけですよ。そのへんを神学者はどうやってバランスをとるかですね。まあ、一〇年も牧師をやっていると、日常の雑事とか何とかに追われて、面倒くさいことをだんだん考えないようになる。そうすると、「お、佐藤、相変わらず神学なんてやってるのか」なんて昔からの知合いの牧師から言われたりしてね（会場笑）。「お前もよく気力が続くな、大学出て三〇年も経つのに。俺なんかこの三〇年間、神学書を開いてないぞ」（会場笑）。そういう例はたくさん周りにあるんですよ。

あと、もう少し悪口を言うとね、同志社もやっぱり問題があるんだよね。まず、偏差値が上がりすぎた。ほかの学部も上がっているから、「同志社だったらどこでもいい」とか、あるいは「外国に行くと神学部ってステイタスが高いから、神学部にしてみよう」とか、そんな動機を持った学生が入ってきている。例えばアメリカだったら、神学部は大学院大学しかない。ドイツだと、各州の大臣なんて神学部出身者がいる。特に各州の教育大臣（文部大臣）は神学部出身者が珍しくないからね。そういうイメージに乗っかって小狡《こずる》いやつが何となく入ってきて、要領よくやっていくわけです。一方で、真面目な学生は学生で、この前までいた例の「『イスラム国』と仲介できます」なんか言う変な某先生に感化を受けてイスラム教に改宗したりね、大変よろしくないことが起きています。

東京神学大学の方はね、偏差値が下がりすぎた（会場笑）。募集定員がいま二〇人くらいで、今年は三人か四人じゃないかな、受験生。それで偏差値は年によって若干変動があるけれど三五～三八ぐらいなんだよ。三五～三八ということは、四則演算が分からなくても入れるってことだからね。そうなると神学以前の話になって、これも大変に困るんです。だから、なんかちょっと自分自身も悩みを抱えていて、むしろ教会のクライアントとして来る方だと思えるやつが、先生と呼ばれるのが大好きだというような理由で東京神学大学に入って、それで大学院まで行って、人とのコミュニケーションが嫌いなままで威張っているとかね。またそういうやつが牧師になるから、ただでさえ斜陽産業のキリスト教が一層の斜陽産業になる（会場笑）。

ちなみに、「イスラム国」に殺害された後藤健二さんは私と宗教が一緒、プロテスタント教徒なんです。彼は日本基督教団へ九〇年代に入信して、代々木上原教会の教会員でした。代々木上原教会というのは、かつて有名な宗教批判を激しくやった赤岩栄《あかいわさかえ》って人が牧師をやっていたところです。

それでね、後藤さんの行動様式の中で私が皮膚感覚で分かることがあります。キリスト教の教えにある「九九匹の羊が安全地帯にいても、一匹の羊が迷子になったら、九九匹をおいて、その一匹を捜しに行かないといけない。他の人がいないのだったら、お前がやらないとダメじゃないか。それこそがお前の役目だ」（「ある人が羊を百匹持っていて、その一匹が迷い出たとすれば、九十九匹を山に残しておいて、迷い出た一匹を捜しに行かないだろうか。はっきり言っておくが、もし、それを見つけたら、迷わずにいた九十九匹より、その一匹のことを喜ぶだろう。そのように、これらの小さな者が一人でも滅びることは、あなたがたの天の父の御心ではない」――「マタイによる福音書」一八章。「ルカによる福音書」一五章にも同様の箇所がある）という声が聞こえてくることがある、ということなんですよ。

ある時、声が聞こえて、後藤さんは日本へ湯川さんを連れ戻すことこそが自分の役目だと思ったんだ。「イスラム国」に関しても、信じている神様は一緒なんだから、話せば最後は何とか理解してもらえると思ったんだろうね。これまでも異文化のイスラム地域の中で、似たような体験がおそらくあったんでしょう。だから、彼の今回の行動を読み解くカギの一つはプロテスタンティズムじゃないかなと私は思っています。

これは、いいことかどうかはまた別な話ですよ。一匹の羊は、もしかしたら、「放っておいてくれ、水を飲みたいんだから」と言うかもしれない。群れから離れて考えたいことがあるのだから、あんまり捜したりしないほうがいいのかもしれない。羊飼いが干渉するのは必ずしもあまりいいことではないのかもしれないけれども、ただ後藤さんの行動がいわゆる自分探しでもなければ、自己顕示欲でもないことは私には理解できる。みんな、「湯川さんを助けに行くんだ」と言われても、後藤さんの建前と思っていたり、あるいは昔、お金のことでいろんな問題があったとかバッシング的な報道をされもした。それは人間にはいろんな面があるでしょう。でも、彼があああいうことをやろうと思ったのは、やっぱり彼自身のキリスト教信仰というのが関わっている。これは間違いない。

報道によると、彼は教会に二年ぐらい行って、しばらく経つと行かなくなっていたらしい。そこはやはり、既存の教会に対して、ここで本当に救われるのかという思いがあったんだと思う。ただ、彼がキリスト教から離れてない証拠に、「クリスチャントゥデイ」っていうインターネット新聞によく寄稿しているんですよ。難民のこととか、自分の思ったことについて書いている。そこに載ったインタビューの中で後藤さんは、「神は私を助けてくださる」という詩篇（54：6）を引いて、「この言葉を、いつも心に刻み込んで、私は仕事をしています。多くの悲惨な現場、命の危険をも脅かす現場もありますが、必ず、どんな方法かはわかりませんが、神様は私を助けてくださるのだと思います」と語っています。この言葉から、彼が神の「召命」を受けたこと、つまり己れの信仰体験による内省を経て、神に召されて特別な使命についたのだということが分かります。

同志社の神学部の話に戻ると、私も京都に通って集中講義をすることにしました。何を担当するかというと、同志社の創設者である新島襄《にいじまじょう》の思想をもう一回勉強してみようと。新島襄というのはカネ集めだけをして、若い頃にコロッと死んで、そして決して顔は美人ではないけれども、性格は美人だっていう奥さんがいた（会場笑）、そんなイメージだけが独り歩きしている中で、彼も神学的に非常に面白いものを持っていたからね。とりわけ、ユニテリアン的なところがあった。

　ユニテリアンというのはもともとプロテスタントから発生しているものだけど、教派縦断的で、イエス・キリストを神秘的・超越的な形の救い主と捉えるのではなく、救いではあるけれども偉大なる先生のように考えるんです。神様の要素が少し小さくなった形で、アメリカの事実上の国教ですよ。アメリカ軍の従軍牧師とか、ＣＩＡの職員はユニテリアンの信者が非常に多い。このユニテリアン的なところと同志社の関係を隠れたテーマとして扱おうと思っています。

受講生Ｄ　副島隆彦《そえじまたかひこ》先生がユニテリアンについて『フリーメイソン＝ユニテリアン教会が明治日本を動かした』という本を出しているんですけど、あの本の内容というのはどのように考えればよろしいんでしょうか。

佐藤　副島さんっていうのは、これは変な意味じゃなくて、ほんとに天才だからね。着想が素晴らしいんですよ。ところが、あれは陰謀論を出すのが専門の出版社から出しているんで、校閲《こうえつ》かけてないんだな。だから事実関係の間違いで、例えば青山学院大学はプレスビテリアン（事実はメソジスト）だとか、そういう間違いがあるけども、基本的な着想はいい。

キリスト教の人たちがダメなのは、副島さんとか大澤真幸《おおさわまさち》さんとか橋爪大三郎《はしづめだいさぶろう》さんとか、そういった人が出てくると、細かいところの事実関係で誤認があるとか、少数説を取っているじゃないかとか、揚げ足取りみたいなことばかり言っちゃう。あれがダメなんですよ。大筋のところにおいて、ユニテリアンのすごさとか怖さを摑んでいるから、あの本はいい本なんです。

これまで『資本論』を読んできて、今度はマルクスでも宗教批判へ入って、それでだんだんと神学の講座をやっていこうかなと思っているんです。というのは、そろそろ私も歳を取ってきたし、持ち時間にも限界があるのが見えてきた。ネコのシマの様子を見ていても、明日は我が身かもしれないと思います。そういうふうに思ったら、やっぱり何を伝えておかないといけないかって、すごく真剣に考えるわけです。

同志社の集中講義は別として、大学からはいろんな誘いがあるのだけれども、私は行かない。テレビにもいっさい出ない。大学やテレビでは、伝えられる〈知〉の形というものに限界をすごく感じているからです。また、私塾というのにも、私は非常に限界を感じている。どうしてかというと、私塾は個性の激しい人が継続的にやっていると、往々にしてカルト化するからね。そうすると入口においては魅力があるように見えるけども、途中からカルト集団になってしまうと、もうそこでは知的な刺激も正しい情報もほとんど受けられなくなってしまう。だから半分閉じていて、半分開いていて、それで皮膚感覚でお互いが分かるような感じ。そこで何か書いてもらったものはきちんと添削して返せるという、そういう知の伝達作業がいちばんいいかもしれないなと思っているんです。

つまり、こういう場で、今いちばん自分が伝えたいことで、なおかつ自分の得意な分野での本音のところ、何を考え、何を感じているのかを伝えていきたいと思っています。

とにかく現在の新自由主義的な状況に巻き込まれていくと、どうしてもみんな競争が好きになってしまいます。そして、本当に消耗してしまう。それと同時に、何となく日本の将来に対する不安もある。それと、われわれは必ず死ぬからね。われわれが生きてきた意義、それからどういうふうに死と向き合わないといけないのか。考えたくないけど考えないといけないことはたくさんあるわけ。そういうときに知は必ず役に立つ。絶対に知というのは生きる上で役に立つはずなんですよ。そういう究極的な実用知っていうのをどうやって伝えていこうかという、そんな問題意識を持っているんです。

第二夜　神の声が聴こえる時

カトリシズムもコミンテルンも

みなさん、課題をよくやって頂きました。手元に返却されてますよね？　ほとんどの人に一〇〇点をつけることができました。考え方の違いは問題ないんですよ。どういう道筋で物事を考えているかという点が重要なんです。

課題の問五、「イスラム国」の目的に関しては、ちょっとズレてる答案がいくつかありました。「イスラム国」の目的というのは、最終的には世界的規模でのカリフ帝国をつくることですからね。神様＝アッラーは一人だから、それに対応して地上でもシャリーアというイスラム法一つがあればよくて、それを適用するカリフ帝国が全世界を支配しなくてはいけない。そういう〈単一のシステム〉によって世界が統一された方がいい、という考えなんです。

実はこういう考え方は、人類で繰り返されてきました。例えばカトリシズムだってそうです。今のカトリック教会は違いますよ。そういう野望はもう諦めちゃった（会場笑）。でも一五四九年には、フランシスコ・ザビエルが日本に来ています。それまではそんなに極東への宣教には熱心ではなかったのに、なぜ？　これはローマ教皇が世界の版図をポルトガルとスペインに分けたんです。日本は勝手にポルトガル領に入れられた。日本人からすると迷惑な話だけれども、ポルトガルの宣教師であるフランシスコ・ザビエルとしたら、ポルトガル領のいちばん東端にある日本まで行かないといけないと考えた。

彼らは科学技術も日本へ持ってきたけれども、同時に、カトリシズムを信じさせることによって、普遍的なカトリック教会に日本を組み込もうとした。状況によっては力を用いてでも組み込もうとします。中南米でやったことは、まさにそういうことだった。だから豊臣秀吉や徳川家康、さらに徳川家光は偉大だったわけです。キリシタンの危険性を認識して、鎖国の必要を感じた。なぜキリシタンが問題かというと、カトリシズムは普遍的な原理によって世界を一つに覆おうとする勢力だからですね。そうなると、日本の固有的なるものが、はたして維持できるのかどうかという危機感が出てくる。

鎖国して、長崎の出島でのみオランダが交易を許されました。これはオランダがプロテスタント国家だったからです。プロテスタント国家だから、まだネーション・ステートの枠組みははっきりしていない時代だけれども、オランダ人が信じるようなカルヴァン派の原理を日本に適用しようとは思っていない。宣教に対する関心自体が希薄でした。だから、「あれは異教の神に過ぎず、われわれとは関係ない」と併存することが可能だと思ったわけです。

あるいは、力によって世界を覆ってしまおうとする普遍主義は、共産主義もそうですね。これも今の共産党は違うけれども、そもそもの共産主義、コミンテルン（国際共産党）はそうでした。一九一七年にロシアで革命が成功した後、一九一九年にコミンテルンという組織をつくって、世界中に革命を輸出しようとしていたわけです。プロレタリアートには祖国はありませんから、世界は一元的になり、要するに〈国家〉が廃止されて、〈社会〉だけが残るというモデルでした。

「イスラム国」も、こういった力によって実現しようとする普遍主義の一種なんです。コミンテルンが力でプロレタリア世界革命を起こそうとしていたように、「イスラム国」は力でイスラム世界革命を目指している。共産主義ではなく、シャリーアというイスラム法によって世界を統一しようとしているわけですね。ソビエトは、誕生したばかりの頃は国際連盟にも加盟せず、国際法もブルジョワ的なものだからと否定していた。だけど周りは帝国ばかりだし、そんなに簡単に革命が各国で起きるわけではないので、やがて国家としてのソビエト連邦は国際連盟に入り、資本主義国家を相手に安定した関係を築く一方で、革命を世界中へ輸出するコミンテルンと二本立ての形にしました。「イスラム国」ももし国家として成立してしまうと、テロ活動とは二本立てでいくようになるかもしれない。そうなると、世界はいよいよ不安定になっていくでしょう。

そして、この手の普遍主義を支持する人は、人類の中で一定の数が必ずいる。だから「イスラム国」的な流れというのは、簡単にはなくならないのです。

聖書学の基礎

課題に戻りますね。

答案に付けたコメントで、私が監訳したフロマートカの『人間への途上にある福音』を読んで、新共同訳の聖書と比べてみたら、章と節がズレているものがあるからというので、「これは誤植だろうと思って、リストを作って版元の新教出版社に文句をつけたけれど、改めない」と怒っている人がいるんですが、こういうことはやらないほうがいいです。

どうしてかと言うと、聖書学の基礎知識がないからこういうことをやってしまうんですね。クラリッツェ版聖書とチェコ語の聖書はイギリスのキング・ジェームズ版と同じで、ギリシャ語のネストレ＝アーラント版から訳している新共同訳とは章立てが少し違うんです。翻訳に使う底本が違うから、章と節が違ってるんですよ。だから、それは新教出版社が不誠実だから無視しているのではなくて、ナンセンスなコメントだから受け入れないわけですね。新教出版社は編集者の数が少ないいんで忙しいのだけども、キリスト教系の出版社で、みんなやさしい人たちだからね、「お前、何寝ぼけたこと言ってるんだ」みたいな無礼な対応をせずに、話を最後まで聞いてくれて、「ああ、面倒くさいなあ。中途半端な知識でクレームつける前に、聖書学の基礎中の基礎の本を一冊ぐらい読んでおいてちょうだいよ」と腹の中だけで思うわけ（会場笑）。

で、このコメントを書いてくださった方の意欲は買いますので、以下の本をぜひ読んでください。一つは、新教出版社から出ている〈現代神学の焦点〉シリーズのギュンター・ボルンカム『新約聖書』。これは新書を少し大きくしたくらいの判なので読みやすいです。それから日本基督教団出版局から出ている『総説　新約聖書』と『総説　旧約聖書』、『新約聖書略解』、『旧約聖書略解』。いま挙げた本を全部買うと三万五〇〇〇円ぐらいします。ただ、神学書の中では安い方なんですね。『新約聖書注解』全三巻、『旧約聖書注解』全三巻が日本基督教団出版局から出ていますが、これは全巻買ったら八万円かかる。神学書で一冊三万円から五万円というのは、ざらなんです。だから、神学は若干カネがないと勉強できないところはあります。もっとも、同志社大学の神学部か東京神学大学か、そういった大学に行って、そこで二分の一までは合法的にコピーが取れるからね。二人の人が、前後を二分の一まで合法的にコピーを取って、あとどうするか、ちょっとでも違法なことは私の口から言えませんが、どうにかなるでしょ（会場笑）。そういう形でも高い神学書を読めます。

こうして神はつくられた

みなさん、非常によく理解できていることがわかりました。マルクスって、やっぱり面白いでしょ？　復習も兼ねて、「ヘーゲル法哲学批判序説」を冒頭から読んでみましょう。ちょっと長めに行きますよ。

ドイツにとって宗教の批判は本質的に終わっている。そして宗教の批判こそ一切の批判の前提なのである。

「家庭の平安のための祈り」という天国の迷妄が論破された以上、現世に存在する迷妄も暴露された。人間は、天国という空想的現実のなかに超人を探し求めながら、自分自身の反映しか見つけ出さなかったのだから、自分の真の現実性を求め、また求めなければならないような所では、もはや自分自身の幻影だけを、非人間だけを見いだそうという気は持たないであろう。

反宗教的批判の根本は、人間が宗教を作るのであって、宗教が人間を作るのではない、ということである。たしかに宗教は、人間が人間らしい生き方をまだしていないか、もうできなくなっている場合の、自己意識であり自己感情である。けれども人間というものは、けっしてこの世界の外にうずくまっている抽象的存在ではない。人間、それはつまり人間の世界のことであり、国家であり社会のことである。この国家、この社会が、宗教という倒錯した世界意識を生みだすのは、この国家、この社会が倒錯した世界であるためである。宗教は、この世界の一般理論であり、それの百科辞典的な綱要であり、その論理学が通俗的な形をとったものであり、それの精神主義的な名誉問題であり、それの興奮であり、それの道徳的是認であり、それのおごそかな補足であり、それの慰めと弁解の一般根拠でもある。宗教が人間の本質を空想的に実現したものであるのは、人間の本質が真の現実性を持っていないからである。だから宗教に対する闘争は、間接的には、宗教を精神的香料として用いているこの世界に対する闘争である。

宗教上の不幸は、一つには実際の不幸のあらわれであり、一つには実際の不幸に対する抗議である。宗教は、悩んでいる者のため息であり、また心のない世界の心情であるとともに精神のない状態の精神である。それは、民衆のアヘンである。

はい、有名な「宗教は民衆のアヘンである」という殺し文句が出てきました。

実際、このテーゼの通りに、レーニンは戦闘的無神論を提唱します。ソ連共産党は公式方針をつくって、ロシア人が宗教心に篤《あつ》いにもかかわらず、科学的無神論を国是とし、宗教を迫害しました。そんな歴史が半世紀以上も続いたおかげで、ロシアのキリスト教導入一〇〇〇年にあたる一九八八年にゴルバチョフが宗教政策を緩和して、ロシア正教会と和解した時、政治エリートなりインテリゲンチャなりの中にはもうキリスト教のきちんとした知識を持っている人がいなくなっていました。

つまり、マルクス・レーニン主義が国家統合のイデオロギーとして力を失った時、ゴルバチョフはロシア正教を基盤とした宗教的なイデオロギーでもう一度ソ連を立て直そうとしたんですね。だから、「佐藤はキリスト教詳しいんだよな」とソ連共産党の幹部たちからキリスト教の簡単な講義をしてくれと何度も請われました。もっとも共産党幹部が、そんな付け焼き刃の知識でうまく宗教政策を展開できるわけはありませんよね。

キリスト教というか、ロシア人の宗教感情に訴えようとしたのはソ連史でゴルバチョフが最初ではありません。スターリンは神学校出身なんです。彼は独ソ戦争の折、国民に訴えかけるのに、「同志諸君！」と言うのをやめ、「兄弟姉妹のみなさん！」と言うようにしました。これ、教会で神父が信者に呼びかける言葉なんです。そして独ソ戦争のことを「大祖国戦争」と名づけた。例の一八一二年のナポレオンのロシア遠征をロシアでは「祖国戦争」と言うんですね。それに今度はベリーカヤ、「偉大な」って付けたのです。つまり神学の知識があったスターリンはロシア人の宗教感情と愛国心を巧みに結びつけることができて、独ソ戦に勝利をおさめたわけ。実は、ゴルバチョフも母親の影響で幼児洗礼を受けていたんだけどね。

次へ行きますよ。

幻想のなかで民衆の幸福をあたえる宗教を廃棄することは、現実のうちに民衆の幸福を要求することである。自分の状態についての幻想を捨てろと要求することは、幻想を必要とするような状態を捨てろと要求することである。だから宗教の批判は、いずれは、宗教を後光にいただく苦しいこの世の批判にならずにはいられないものである。

批判は、鎖についていた空想的な花をむしりとったが、それは、人間が幻想も慰めもない鎖を背負うようにというためではなく、むしろ人間が鎖を振り捨て、いきいきとした花を摘みとるようにというためである。宗教の批判は、人間を迷いから目ざめさせるが、それは、人間が迷いを捨てて理性的になった人間らしく、考え、ふるまい、自分の現実を形づくるようにというためであり、また自分自身を中心に、したがって実際の太陽を中心に行動するようにというためである。宗教は、人間が自分を中心に行動するようになるまでの間、人間のまわりを廻る幻想上の太陽であるにすぎない。

こうして、あの世の真理が消え去った以上、この世の真理を打ち立てることが、歴史の任務である。人間の自己疎外の神聖な姿が仮面をはがれた以上、神聖でない姿での人間の自己疎外の仮面をはぐことが、まず第一に、歴史に奉仕する哲学の任務である。だから、天上への批判は地上への批判に変わり、宗教への批判は法律への批判に、神学への批判は政治への批判に、変わるのである。

これからの叙述は——こうした批判の仕事への寄与をなすものであるが、——さしあたっては国家哲学や法哲学の本来の姿についてあてはまるものではなく、ドイツ風にゆがめられたもの、ドイツの国家哲学や法哲学についてあてはまるものであって、その理由はただ、この叙述がドイツに関連しているからにほかならないのである。

ドイツの現状そのものから出発しようとすれば、たといそれが唯一の適当なし方、つまり否定的なし方で出発するとしても、結果はいつも時代錯誤であることに変わりはないであろう。わが国の政治の現状を否定することさえ、すでに、近代諸国民の歴史のがらくた置場の中のほこりまみれの事実として存在するのである。髪粉《かみこ》をつけたかつらを否定するとしても、やはり髪粉をつけていないかつらでいるまでのことである。一八四三年のドイツの状態を否定するとしても、現代の焦点に立っているどころか、フランス式の年代で数えれば一七八九年に達しているかいないかぐらいのものである。

髪粉は要するに髪のカラーリング、白髪染めなんかのこと。一八四三年は執筆時の現在。一七八九年はもちろんフランス革命の年です。

さて、ここまでのところでマルクスは何を言っているか？　マルクス主義系の人が書いたものを読むと、中世とか近代以前の宗教の迷妄を批判しているんだ、って解説がよく出てきます。それは完全な間違い。ここでマルクスが言っているのは、近代的な、神の居場所が心の中に移って以降の宗教の批判です。

大事なポイントですから繰り返しておきますが、〈天上界に神様がいる〉という中世までの神の位置は、形而上学と結びついていましたね。形而上学というと、哲学者は誰？

むろんアリストテレスなんだけれども、ストレートにアリストテレスと結びつけたらダメなんだ。なぜかというと、アラビア半島経由で受容されたアリストテレスだから。アラビア半島で哲学者という場合はアリストテレスを指すけれども、プロティノス経由でネオプラトニズムを通過しているアリストテレスなので、ちょいと変わってきているわけ。宗教性とか超越的な瞑想者の魂みたいなものが入ってきている。つまり、アリストテレス本来の乾いた感じではないんですよ。

それがやがて、上とか下とかいうのは、地球が球体であり、太陽の周りを回っていることも物理の法則で説明できるとなって、意味がなくなってしまった。その意味がない状況において、意味はないけれども、あくまで「宗教の世界は別なんだ」という形で二元論をとるか、あるいは「科学の方が間違えているんだ」と強弁する宗教的立場がある。そこへプロテスタンティズムはもう一つのやり方を生み出して、近代的な世界観と宗教の調和をさせることに成功した。成功したのは、シュライエルマッハーという極端に頭のいい人がいたからで、宗教の本質は直感と感情であるとして、宗教を〈心〉に持ってきた。心に持ってきた時、神学は心理学に改称されたと言ってもいい。自分の願望、欲望、こういうものの投影と、神というものが限りなく近くなってしまったから。

人間が満たされていない状況や望んでいる状況を投影するのが神様になってしまうのだ

から、神が人間をつくったんじゃなくて、人間が神をつくったというマルクスの指摘は近代において当たり前の話なんですね。マルクスはここで中世の話をしているのではありません。

『妖怪ウォッチ』で考える

では、課題の問二に出したことだけど、現代においてこういう例はある？　一番有名な例は『妖怪ウォッチ』ですよね（会場笑）。いや、日本中であれだけ流行って、子どもたちはようかい体操とかになったら、目の色が変わるじゃない？　あんなに子どものうちに刷り込まれると、あの子たちが三〇歳、四〇歳になっても、『妖怪ウォッチ』の世界観の残滓《ざんし》があると思う。

じゃあ一回、『妖怪ウォッチ』について考えてみましょう。あれはもともとゲームなんだけれども、私はゲームが苦手なんで、アニメの方でいきますよ。あれ、いまＨｕｌｕなんかで見られるから、退屈すると時々『妖怪ウォッチ』を見てるんですよ（会場笑）。

夏、昆虫を取りに行った主人公の景太は、妖怪で執事役をやっているウィスパーに出合う。ウィスパーの造形って、われわれ世代からすると、どう見てもオバケのＱ太郎なんだよね。それから、いろんなところで「ドラえもん」のパクリというと悪いけど、モロに影響を受けている。そんなふうに思いながら見ているんだけど、物語世界の構成としては、妖怪のキャラは自分たちの願望に即した連中がいろいろ出てくるわけだよね。そんな形で、自分たちの希望に応じていろんな神様を選び出すというのを、宗教学の用語では「交替神教」と言うんです。選手交替の交替です。インドがその典型で、自分が何かの欲望を考えると、すぐそれに応じて新しい神様がどんどん出てくる。『妖怪ウォッチ』のキャラクターも、われわれの願望がそのまま投影されているわけですよね。

会社の中にモンスター社員とかいるじゃない？　今まで普通のやつだなと思っていた同僚が、ある日突然モンスターと化す。石川弘子《いしかわひろこ》さんという社会保険労務士が『あなたの隣のモンスター社員』という文春新書を出しています。例えばセクハラの例なんかものすごく面白い。

若くて美しい部下が、「課長、食事行きません？」とか誘って来るんで、食事に行ったりとか何とかしているうちに、メールを打ったり読んだりするのを奥さんに見咎められてえらい叱られたから、「もうメールを寄越さないでくれ」と。すると女性がたちまちキレて、会社の上層部に「とんでもないセクハラとパワハラに遭った」と訴え出る。男の方は奥さんに文句を言われたから、自分のメールなりＬＩＮＥなりは全部消しているわけですよ。女性の方は選択的に残している（会場笑）。それで、「もうこの人のことについては考えたくもないから、自分が発信したものは全部消してしまった。たまたま相手のは消していなかった」と言って、社会保険労務士のところと弁護士事務所に駆け込まれると、男は絶対に勝てない。こんなのはよくある事例なんです。男女関係におけるＬＩＮＥの危険性を文春新書は「週刊文春」のベッキーさんの不倫報道に先駆けて世に訴えている（会場笑）。

あるいは、上司に評価されていたと思っていたと。ところが、上司に注意をされたら、突然「私のことを嫌ってるんで、まるで評価してくれない」と。そうすると、「あの時にこう言われたのは、実はセクハラで、私の体を狙っていたんだ」。男性社員の話だと、仕事の上で注意をしたら、「うちの息子に何を言うんだ」ってお母さんが出てきて大暴れをするとか、こういうような例がいろいろ挙げてあるんだけれども、別な考え方をすれば、そんなモンスター化する人たちの背後には、もともとモンスターというか、妖怪がついているんだなと思えばいい（会場笑）。『妖怪ウォッチ』の世界観では、変な人が会社にいるとか、えらく暗い人がいるとか、ウソつきがいるというのは、全部その背後に特定の妖怪がついている。悪いのはその人じゃなくて、妖怪が悪いんだ。景太の妖怪ウォッチを使えばその妖怪の姿が見えるわけだよね。そのへん、意外とわれわれ日本人の古くからの感覚に合っているんですよ（会場笑）。

そうなると、大流行している『妖怪ウォッチ』の世界観というのは、みんな遊び半分と思っているけれども、実際われわれの感覚とフィットしていて、それはまさにマルクスが言っている、願望を宗教にしていく、宗教をつくっていくという実例だよね。

他にも例えばいわゆる〈自己啓発〉だって、自分の心の中に相談して、自分の神様をつくっていくことですよね。突き放して見ていけば、われわれの周囲の中にいろんな宗教性があるんだよ、そこを考えよう、とマルクスは言っているわけ。そんな宗教性をどうやって相対化していくかが、マルクスの宗教批判の肝なんです。

疎外と物象化

それから、いま読んだ箇所で覚えておかないといけないのは、「人間の自己疎外の神聖な姿が仮面をはがれた以上、神聖でない姿での人間の自己疎外の仮面をはぐことが、まず第一に、歴史に奉仕する哲学の任務である」というところに出てくる「疎外」という言葉です。

疎外というのもこなれない訳語ですが、〈本来のものがあるのにかかわらず、それとは違う形になってしまっている〉という意味です。実は、日本人にはこの疎外という考え方がわかりにくい。なぜか？　「本来のもの」という措定《そてい》が、日本人にとっては「在りて在るもの」、つまりは神様、理想的な状態、自然状態――そういうものに近いからです。この筋道で疎外を考えていっても、本来のもの、「在りて在るもの」というのは実証できないでしょ？　それじゃあ世の中は結局わからないよって言ったのが、東大の科学哲学の先生をやっていた廣松渉《ひろまつわたる》さんです。マルクスの解釈をみんな間違えていると彼は主張しました。マルクスは〈本来のもの〉っていう考え方自体を拒否しようとしたんだと。廣松さんは〈関係の第一義性〉ということを唱えて、すべての物事は関係から生まれてくるんだと言った。

　廣松さんは現象学的な方法なんかを使って説明しているのだけれども、これは実は伝統的な仏教の考え方、阿毘達磨《アビダルマ》とか中観《ちゅうがん》とか唯識《ゆいしき》とかの考え方なんですよね。だから彼の所謂《いわゆる》〈物象化《ぶっしょうか》論〉というのは、その措定している最初の立場が、〈無〉あるいは〈空〉なんです。〈本来のものがある〉とする疎外論でなく、無や空から始まるのが廣松渉の物象化論になるわけです。あたかも物のようなものが出てくるんだけれども、それは関係と関係から、因果関係から、生まれてくる関数体であるという考え方です。これは仏教の縁起観に似ています。

この疎外論と物象化論でどっちが正しいかは言えません。それはもう立場設定の問題になるからね。国際的には——知的な分野で指導的立場を持っている欧米限定だけどね——疎外論が今も中心です。本来のもの、本来の人間性、本来の会社員としてのあり方、そういうところから議論を組み立てていくと疎外論になる。そうではなくて、すべてのものは相対的なんだ、組み合わせによってどんなものだって出てくるんだ、絶対に正しいものは絶対に存在しない。こんな感じの議論をしていくと物象化論。別に欧米の考え方が全てではないから、このへんは個人の趣味の問題であります。

ナショナリズムという宗教

さて、ここまでの議論を短く整理すると、大前提として、宗教批判というのはマルクスの言っているとおりだと。われわれの願望というものから宗教は生まれてきた。でも、そこを押さえただけではまだ宗教から抜け出すことができないんだね。そこで、マルクスはどういった形で宗教を脱構築していくことを考えたか？　少し飛ばして、「ヘーゲル法哲学批判序説」の後半を読んでみましょう。ここからはゆっくり行きますよ。

ドイツは原理の高尚さにふさわしい実践に到達できるか、言いかえれば、ドイツを近代国家の公式水準にまで高めるばかりでなく、この国民が近い将来達するであろう人間的な高さにまで高めるような革命に到達できるであろうか、ということが問題になる。

ここで出てきている「人間」というのも〈本来の人間〉、疎外論的な人間です。だから「人間的な高さにまで高める」と言っているんですね。〈本来の人間〉というのは〈神様〉と言い換えても一緒です。神様は人間がつくったものであり、人間の願望を投影しているものであるのならば、神を崇拝するかわりに本来の人間、理想的な高さにある人間を崇拝すればいいじゃないか、とマルクスは言っている。ヒューマニズムという考え方は、要するに〈神様〉という名前を人間に代えたものにすぎないわけです。

では、ヒューマニズムを手放しに認めることができるのかどうかとなると、キリスト教やユダヤ教の世界の人たち、つまり〈原罪〉という感覚を持っている人たちと、それ以外の人たちとではむろん変わってきます。本来の人間というものに、キリスト教は価値を置かないのです。なぜなら罪深い人間というのは、あくまで性悪な存在ですからね。だから赤ん坊だって、一歳五、六カ月ぐらいにもなると、転んで箪笥《たんす》の端に頭をぶつけた時、

「ギャーッ！」とまず大人の方を見て、「お前、よくも突き飛ばしたな」みたいな顔をして、人のせいにしてから盛大に泣くでしょ（会場笑）。あの子どもの感じを見ていると、ああ、やっぱり人間には原罪があるんだなあと私なんか思うんだ（会場笑）。あるいは会社にいても、妖怪ウォッチで見てみたくなるくらい、他人のせいにするやつってたくさんいるじゃない？

ここでアダムとエバの神話を思い出してみましょう。『旧約聖書』の「創世記」冒頭です。

神に「エデンの園の中央にある、善悪を知る木の実だけは食べてはいけない」と命じられていたのに、アダムとエバは食べてしまいましたよね。で、神から「お前は、あの木の実を食べたのか」と訊かれたアダムは「あなたの造ったエバが食べろと言ったから食べました」と答える。女のせいにすると同時に、「あなたが造った女だ」と神様に責任転嫁をする。次にエバが「蛇に言われたからやった」と言います。神様は食ったか食わないかを訊いているだけなのに、「人に言われたからやりました」と答えるわけ。小学校で必ずいたでしょう、悪さを咎められると、「ナニナニ君が言ったからやりました」って言うやつ。そうしたら先生が「ナニナニ君に死ねと言われたら、お前は死ぬのか」って言い返したり、そんなの昔はよくあったでしょ。今それをやったら、親に教育委員会へチクられちゃうけどね（会場笑）。でも、アダムとエバからして責任転嫁や自己保身をしていた、そういう人間の原罪がある。言い換えれば、人間には論理の力があるということでもあるけれども。「イスラム国」などが、なぜ自らが絶対に正しいと信じることへ向かって邁進《まいしん》できるのかといったら、一つには原罪感がないからですよ。

もっと言えば、今日、原罪感を持たない宗教の一つと言っていいのは〈ナショナリズム〉だよね。ナショナリズムという宗教を信じて、その本格的な信者、これは絶対に正しいと信じる信者になると、民族――民族は国家と言い換え可能の場合が多いけれども――という宗教のために命を捨てる気構えができる。すると次には、その宗教のために他人の命を奪うことに対するハードルが低くなる。そうなると、例えば「わが民族が分断されているのは、日本帝国主義の植民地支配によるせいだ」とか「民族は仲良くしたいのに、米韓の合同演習をやって、南北の人民の連帯を破壊している」などと思って、その元凶がアメリカで、それを代表する大使をナイフで刺してやれ、うまくいきゃ頸動脈をブチ切れるだろうと。そういう具合に考えてソウルで駐韓アメリカ大使に襲いかかる韓国人も出てくるのです。あれは精神的におかしな人がしたことだ、というので済ませてはいけないと私は思っています。

あの事件、韓国世論の全部とは言わないけれども、五分の一ぐらいは「よくやった」と感じていますよね。「アメリカはふざけてるじゃないか」「シャーマンとかいう国務次官が、韓国と日本と中国の指導者が歴史問題を人気取りに使っているとかヌカしたそうだな」「日本が言われるのは当然だが、なぜ被害者であるわが国が言われなきゃいけないのか。ああ、さてはどうやらアメリカは日本寄りになってきたな。けしからん」という心理が見え隠れしている。実際、世論だけでなく、韓国政府もアメリカに文句つけていたわけでしょ。そんな土壌の中で、ナショナリズムとテロリズムが野合しようとしているんですよ。やはりナショナリズムというのも心の中から生じてくる宗教であって、原罪というメカニズムがないと、どういうふうに破目を外していくことになるのかわかりません。

〈墨抜き〉ができる仏教

仏教の場合は原罪感はないけれども、中観においても、特に唯識においても、人間は悪に傾きやすいという人間観を持っています。われわれは輪廻転生を何度も繰り返しているわけです。もしかしたら前世はサソリだったかもしれないし、その前はミミズだったかもしれないし、あるいは仙人だったかもしれない。天女だったかもしれない。いろんな輪廻転生がある。でも、私がかつてミミズだった時の記憶、みなさんがかつてトカゲだった時の記憶はいま残っていない。「トカゲだった時、あそこで食べた蠅はうまかった」とかいう記憶は残念ながら残ってないのだけれど、それはわれわれが思い出せないだけで、大きなわれわれの無意識の中には残っているんだと、仏教は考えるわけ。

今夜、この講義で何か聴いて、家に帰ると完全に忘れてしまったと思っても、それはただ引き出せないだけで、一回聴いちまったこと、やっちまったことは永遠に記憶に残るというのを仏教の考え方では「阿頼耶識《アラヤシキ》（アーラヤ識）」って言います。このアーラヤ識は価値中立的です。ところが、このアーラヤ識を引っ張ってくる時、「マナ識」という作用が働いて、自分に都合がいいようにねじ曲げる。これが悪をもたらす源泉になって、人間は悪い方向に傾きがちなのだという考えが、仏教のドクトリンの中に入っている。だから仏教は、キリスト教の性悪説と意外と親和性があるわけ。

ただ、もちろんキリスト教と違うところもある。キリスト教では、もう全身刺青《いれずみ》みたいな形で、人間に性悪のものが入ってしまうと、レーザーを使っても何を使っても完全には取れないのです。身体に墨を入れたお前が悪いんだ、一生ついて回るんだ、となっている。「俺、刺青なんか入れた覚えないんだけど」と文句を言っても、生まれ落ちた時から、もう墨は入ってしまっているんです。キリスト教の原罪とはこういう話なんだね。

仏教の方は墨抜きができるのです。きちんとした生活をして、きちんとした行動をするならば、今のこの苦しい状況はかつてのあなたが原因なのであって、親の因果は子に報わないんだ。そして輪廻転生であなたが次に生まれてくる時には、また全然違う因果で、違う状況に生まれてくるだろう。つまり、あなたがいくら辛い状況にいて、そこからは抜け出せなくとも、今日ここで生き方を変えれば未来が変わっていくわけ。究極の自己責任なんですよ。「諦めの原理になるか、希望の原理になるかは、あなたの行動次第だ」というのが仏教のドクトリンです。だから仏教というのは、キリスト教の罪の意識に近いものも持っているし、そこから解放する力も持っているんです。

ではイスラム教は？　原罪感はありません。人間存在というのは中立的なもので、悪というのはないのです。それゆえに、絶対に正しいというところへ入っていったら、なかなかそこから抜け出すことができない。あるいはナショナリズムという宗教においても、そこには性悪なものは存在しない。となると、われわれの大きなテーマの一つは、悪をどういうふうに見つめていくか、ということになります。悪というものが存在するのだと、どういうふうに認識して、リアルに考えていき、どういうふうに抑えていくかというのが根源的な問題になっていきます。悪というのは、社会構造的な悪もあるし、われわれ一人ひとりの心の中にも悪がある。単純な話、人との関係において、自分の方が上だと思いたがる傾向だって悪でしょう。そういう根底の問題へ人間を促していく、踏み込ませていく力が宗教にはある。少なくともキリスト教、ユダヤ教、仏教にはあるのです。

ペンが剣より強くなる時

じゃあ、マルクスに戻りましょう。この先のブロックは、「ヘーゲル法哲学批判序説」の中でもすごく有名なところです。

批判の武器はもちろん武器の批判のかわりをすることができず、物質的な力は物質的な力で倒すよりほかにない。

いろんな批判というものは確かに世の中に影響を与えうるかもしれないけれども、目の前に拳銃が出てきたら、つまり批判しているやつをぶっ殺すぞという争いになれば、それはどうしたってペンより拳銃の方が強いよね。だから、物質的な力というものは物質的な形で倒すしかないんだ、と言っています。このリアリズムをきちんと押さえないといけないよ、とマルクスは主張しているのです。ペンは剣よりも決して強くはない。剣を行使されたらペンは弱いのです。

ただ、「ペンは剣よりも強し」ということだってあり得る。それはどういう場合なのかが、続く文章です。

しかし理論もそれが大衆の心をつかむやいなや、物質的な力になる。

ペンで書いた理屈でも、人間の心――また〈心〉という言葉が出てきました。心こそ神様でしたね――を摑まえられるような、超越的な感覚とか「これに殉ずるぞ」と思える理論を打ち立てられるのなら、それはものすごい物質的な力になる。

これの具体的な事例も身近にあるでしょ? 「この石鹼を売れば幸せになる。だから私の会の会員になりなさい」（会場笑）。押し入れにいっぱい石鹼があって、四畳半の部屋の天井まで石鹼の箱が山と積まれているのだけれども、「この石鹼を売ることで本当に幸せになるんだ」と信じている人がいる。それは〈石鹼を売れば幸せになる〉という理論、〈子どもをつくって、孫をつくっていく〉というマルチ商法の理論が人の心を摑んだら、実践的、物質的な力になっていくんだね。

あるいは私が土曜日とか日曜日に自宅で執筆していると、呼び鈴を鳴らす人がいる。「なんですか?」「聖書についてお話を」（会場笑）。私、聖書の話をするのも面倒なので、すぐに「あ、輸血するなということですね?」って答えるんだけど(会場笑)。あの人たちは、厳しい宗派で、一定の人数を勧誘しないと天国へ行けないんです。だから自分の子どもを放っぽり出してでも、伝道して雑誌を売って歩いてるんですよね。日本基督教団なんかじゃ考えられないエネルギーですよ、あれは。だから日本基督教団は、小説の対象にならないでしょ。ところが、あの手の宗教団体は、村上春樹さんの『1Q84』の中でも「証人会」って名前を変えてきちんと出てくるじゃない? やっぱりそれだけのエネルギーを文学の世界にも与えられるってことは、やっぱり立派なんですよ(会場笑)。これがマルクスの書いている「理論もそれが大衆の心をつかむやいなや、物質的な力になる」っていうことです。

理論をつくれるか?

そうするとね、「イスラム国」も理論次第なんですよ。例えば二〇一三年は、革マル派と中核派の創設五〇周年でした。革マル派の方は五冊本の五〇周年記念本を出していて、どういうわけか毎日新聞経由で私のところにいつも送ってくるんです。中核派の方は私のところへ送ってこないな。革マル派は私に対しては一定の敬意を表しているというか、送ったら読むと思っているんだろうけれども、中核派は、私は読まないと思ってるから送ってこないのでしょうね。実を言うと、中核派が出した記念の本も買ったけどね。

あの二派の根っこにいるのは、黒田寛一《くろだかんいち》という思想家です。東京高等学校（旧制）という超エリート校があって、ここは七年制で普通の学生よりも一年短く卒業するんです。戦後は廃止になっちゃいましたが、この東京高校を出たら、まずほぼ自動的に東京大学に入った。黒田さんという人は、府中のお金持ちのお医者さんの子です。東京高校に入る時に皮膚結核になって、視力をほぼ失いかけました。息子が早く死にそうだとなったら、お父さんはお金があるので、この子はヘーゲルとかマルクスが好きで何か書いているらしいからと、『ヘーゲルとマルクス』という本を自費出版させてあげた。

そうしたら息子の周辺に、「これは面白い」と集まって研究会ができて、弁証法の研究をして、「探究」というガリ版刷りの雑誌を出すようになった。この「探究」というのは復刻版が古本屋でときどき出ているけど、理論水準はすごく高いものです。もしこの人がいなければ「革命的共産主義者同盟」という、共産党とは違う理論水準の高い新左翼のグループはできていなかった。これが後に分裂して、お互いの殺し合いが始まりますが、根っこは一緒なわけ。

やはり、理論をつくれる人がいるかいないかが、どんな思想や宗教においても決定的に重要なんですよ。「イスラム国」関係で、日本では今のところ理論をつくれそうな感じのある人は、あの元大学教授しかいないなと思っていたんだけれど、最近、彼が集英社新書から出した本を見て、「あ、この人は理論をつくれないいな」と分かった。あれを読んだ人いるかな、「イスラム国」の悪口を書いているんですよ。「お前さん、今まで違うこと言ってたんじゃないのか？」と突っ込みたくなったけどね。いつの間にか、「独裁制はよくない」みたいに言い始めています。彼は世の中のバッシングが怖いんだな。

二〇〇四年にイラクで香田証生《こうだしょうせい》さんが殺された時は、「イスラムの領域に入ったら、非戦闘員であっても、戦闘員と見なされて処刑されることはイスラム法的に合法だ」と、あのおっさんは言ってたんだよね。ところが今回、後藤健二さんと湯川遥菜さんについては何も言っていないんだな。そんなふうに市民社会に半分足がかかっているようでは本物ではない（会場笑）。こういった時でも正々堂々と、「イスラム法的には合法で、異教徒の女性を奴隷にすることに関しても、まるっきり合法である」とか「女性を奴隷にしたければ、青年よ行け、『イスラム国』へ」とか言わないとね。それなら本物で、警戒すべきなんだ。でも、新書を読んだかぎりでは、逡巡《しゅんじゅん》があるし、世の中におもねってるし、怖いことが嫌いって雰囲気もでている。

それで彼の個人史を調べてみると、少女アニメが好きだというのは業界で有名なんだけれども（会場笑）、それだけではなくて、東大のプロレス同好会にいて、本人もプロレスをやっていたって話なんで、やっぱりあれはコミック系のプロレスの要素が色濃くある人なのかなあと。ともあれ、あの集英社新書から出たジハード本を見て、「あ、この人はイデオロギーをつくれない。イデオローグにはならないし、なれない」と安心したんです。ただし、彼以外の本物がフッと出てくる可能性は今後もあるからね、要注意です。

現代の錬金術師

理論が大衆の心――一人とか、何人かの心ではなくて――大衆の心を摑むと、それは物質的な力になるのはマルクスの言うとおりです。近年、大衆の心を摑んでみせたのは百田《ひゃくた》尚樹《なおき》さんの『永遠の0《ゼロ》』ですよ。私、『フォルトゥナの瞳』と『永遠の0』と『海賊とよばれた男』を読んでみたのね。文体がそれぞれ違う。ということは、文体がないんだ。文体は、イコール思想です。マルクスは生涯に三つの文体を持ちました。初期の「ヘーゲル法哲学批判序説」の頃と『ドイツ・イデオロギー』では違ってきて、さらに『グルントリッセ』（『経済学批判要綱』）で変わり、その後は最後の『資本論』まで同じです。読んでいくと分かりますが、これはマルクスの思想が変化したからです。『資本論』は第一巻を書き上げたところでマルクスは死にますが、盟友エンゲルスがマルクスの草稿を整理した第二巻、第三巻では文体がやはり違う。文体と思想って極めて密接な関係があるのです。でも私が見るところ、百田さんの場合は思想が変遷していったというより、思想がない、空《くう》の哲学の人なんですね。そして空の中には何でも入っちゃう。構成作家はそれでもいい、というか、それをむしろ強みにしうる場合があるのです。

特攻隊に関するいろんな資料を読んで、そこから聞こえてくる神の言葉を筆記しているのが『永遠の０』でしょう。出光興産の社史を読んで、そこから聞こえる神の声を書き下ろすと『海賊』になる。自分を無にして書いていく。そういうスタイルの小説家もいるわけです。

百田さんが大衆の心を摑むと同時に、百田叩きも起きました。ただ、アンチの人たちの文章を読むと、すごく嫌な感じを受ける。というのは、「俺のほうが絶対にノンフィクション作家としては力量がある。なんで百田程度の者が大手を振っているんだ。エスタブリッシュされた新潮社め、文藝春秋め、講談社め、今に見ておれ」っていう、男の子のやきもちが行間から溢れ出ているの。そんなルサンチマンが漂っている。

そして、アンチも含めたこの百田尚樹現象がどうして起きてきたのかというと、やはりあれは現代における宗教ですよ。そこをアンチの人たちは捉えきっていないね。空の中で、われわれが集合的無意識として「こういうふうであったらいいな」と思う特攻隊の雰囲気、あるいは「こんなふうな切った張ったのビジネスがあればいいのに」と願う経営者の雰囲気。あるいは「こんな愛があればなあ」という雰囲気。そういう宗教的な雰囲気を巧みに読み取って言語にする力が百田さんにはあるわけです。

現代の宗教という点では小保方晴子《おぼかたはるこ》さんもそう（会場笑）。彼女は錬金術師だよね。どうやっても卑金属から貴金属（金）はできっこないのに、実験室の中にいるみんなには「できた！」と思わせるのが錬金術師です。小保方さんの『あの日』って本を読んで、やっぱりそうだと確信したけど、彼女の周りにいると磁場が変わっていくんですよ。できないことをできるというふうに見せて、たくさんの人に信じ込ませるというのは、彼女の天賦の才というか特異な能力なんですね。それは絶対に軽視しないほうがいいと思うんだな。裏返して言うと、人間が宗教的であるってことの証拠ですよ。ＳＴＡＰ細胞の理屈なんて誰も分からないのに、みんなあれだけ浮かれて、囃《はや》し立てたわけじゃない？　あれは宗教の一種。今の社会を見ていくと、似たような現象は他にもいろいろあるんですよ。例えばアベノミクスなんてのも似たようなものかもしれませんよね。

マルクスの結論

先へ行きましょう。

理論はヒューマニスティックに表明されると大衆の心をつかみ得るようになり、そしてラディカルになるとヒューマニスティックに表明されるのである。ラディカルということは、ものごとを根本からつかむということである。

ラディカルは「急進的」とか「過激」という意味ですが、物事の根本を摑むために必要な姿勢なんです。いろんなものを削ぎ落として、極端な形態を考えることから、事柄の本質を摑むことができる。思考実験として過激に、急進的になる必要、ラディカルである必要はあるのです。

マルクスはここで「ヒューマニスティック」という言葉を使っています。「人間」「人間にとって」とかも出てくる。これ全部「神様」と言い換えても同じことです。

次の部分。

だが人間にとっての根本は、人間そのものである。

この一文、何か意味がある？　人間は人間であるって言っているよね。私は私である。愛は愛である。同語反復です。マルクスであろうと、いちばん重要なことは定義できないんですよ。逆に言うと、ここがマルクスの考えの究極のところで、人間は人間であるんだと。でもそれは、神は神であるってことで、言い換えにすぎないわけだ。この人間重視の宗教批判という意味で、マルクスはやっぱり先行するフォイエルバッハを越えていないんですよ。

では、その次。

ドイツの理論がラディカルであること、したがって実践的エネルギーをもつということのあきらかな証拠は、それが宗教の決定的な積極的止揚から出発したことにある。宗教の批判は、人間が人間にとって最高の存在である、という説に尽きる。

ここはいま言ったことだね。人間が人間にとって最高であるんだと。最高なのは宗教じゃない、神様でもない、人間だよ、と。でも、これは人間崇拝じゃない？　じゃあ、人間ってそんなにいいものなのかという問題が出てくる。このへんマルクス自身が、この論文を書いているうちにだんだん迷路に入っていくわけ。

よし、飛ばして、先の「結論を要約しよう」に行きましょう。マルクスが非常にいいのは、自分で言っていることが何だかよくわからなくなっちゃったら、言いたいのはこういうことなんだってまとめてくれる。ということは、この論文はここだけ読めばいいんだよ（会場笑）。

結論を要約しよう。——

ただ一つ実際上可能なドイツの解放は、人間が人間の最高存在であると言明するような理論の立場に立ってする解放である。

宗教で最高なのは神様じゃなくて、人間なんだと。じゃあ、その人間というのは何なのかは無定義なんです。つまりは、あるがままの人間の素晴らしさを回復しようじゃないかってことなんだよね。ということは、これ、自然信仰です。

マルクスの収入源

もう「ヘーゲル法哲学批判序説」最後の部分です。また「人間」が出てきます。

ドイツでは、中世からの解放が、同時に中世の克服の部分的な性格からの解放としてだけ、可能である。ドイツでは一切の種類の隷属を打ち破るのでなければ、どんな種類の隷属も打ち破ることはできない。ドイツの根本は、これを根本から改革するのでなければ改革できない。ドイツ人の解放は人間の解放である。この解放の頭脳は哲学であり、この解放の心臓はプロレタリアートである。哲学はプロレタリアートを止揚することなしには現実化されえず、プロレタリアートは哲学を現実化することなしには止揚されえない。

内的条件のすべてが満たされたとき、ドイツの復活の日は、ガリアの鶏鳴によって告げ知らされるであろう。

「解放の心臓」なんて持ち上げていますが、マルクス自身はプロレタリアートでは全くなくて、資本家でした。ちなみに、マルクスの親戚にはあのオランダの家電会社フィリップスの社長がいます。だから一族には金持ちが多かった。

マルクス自身は三つの収入源がありました。一つは印税と原稿料。でも、これはほとんどなかったに等しい。おまけにマルクスは嫌われ者で、『資本論』などは最初一〇〇〇部しか刷らないで、しかも「どうせ売れないから」と、かなりの数を献本したのだけれども、戻ってくるんです。「お前の本、欲しくないから」って（会場笑）。二番目の収入源は貴族だった奥さんの持参金。もっとも、この持参金は比較的早いうちに使い倒してしまった。「マルクスは貧困だった」という貧乏物語マルクスみたいなのが、けっこう左翼系とか共産党系のものには書かれていますが、なんでマルクスが貧乏だったかという理由は簡単明瞭なんですよ。彼の浪費癖のせいです。まずボルドーのワインが好き。それから娘には家庭教師をつけて、過剰なお稽古事をやらせる。休みはコートダジュールで送る。カネが足りなくなると、裕福な資産家である友人エンゲルスに無心の手紙を書いて、「俺にプロレタリアートのような生活をしろと言うのか」とか平気で言う。

エンゲルスは、本当は学者になりたかった人です。あるいは軍人になるつもりもあった。ところが、マンチェスターで大きな工場をやっているお父さんが許してくれない。「高等教育なんか受けると人間が堕落するから、早く商売を覚えろ」って、マンチェスターに連れて行かれてしまう。

それでマンチェスターで、エンゲルスは街を見て歩いて、「これはひでえな」と思う。朝は金持ちの市場が開いていて、夜は貧乏人の市場になる。そこでは腐った肉とか、特製ココアとか称してレンガの粉が入っているやつとか、そんなひどい粗悪品を平気で売り買いしている。そんな境遇で、みんな苦しい生活、自堕落な生活をしている。なんでこんなことになった？ エンゲルスはヒューマニストだから義憤に駆られて調べていくと、自分の会社は儲かってるし、よくよく考えたら、自分の会社が彼らから搾取しているからだと気づく（会場笑）。

しかし、搾取をやめてしまうと会社は潰れてしまう。だからここは革命でも起きて、資本家もプロレタリアートもいなくなるような世の中ができないかなって考えたわけ。それで自分は資本家としての仕事が忙しいから、革命の方の仕事は暇のあるマルクスにしてもらおう。エンゲルスが労働者を搾取してつくったお金をマルクスに送るという形で、あの二人は分業していったのです。

社会構造から見ると、資本家のお金で食べているのだから、マルクスは資本家です。ただ、マルクスのものを読んでいて伝わってくるのは、「自分は人を搾取して生きているんだ」という思いです。「これはよくない。こういうような生き方はしたくないから、構造を変えたい」と思っているんです。プロレタリアートが自分の労働力を商品化した上前を自分たちはハネているんだと自覚している。だから、プロレタリアートが世界を支配し、社会の構造を抜本的に転換するにはどうすればいいかと考えて、最後にはあの『資本論』の強靭な論理、すなわち〈労働力商品化による搾取〉という資本主義の構造を明確に言語化してみせたのです。

でも、マルクスは実際の工場へは行かないんですよ。「ああいうところへ行くと目が曇るから」なんか言って（会場笑）。それで、基本的には大英博物館の図書館に籠って大著を書き継いでいきました。しかもマルクスは左翼系のものはあまり読まないんだ。色がついているから、そういうのは読まないんです。もっぱら政府の刊行物、今でいうと白書類と官報の類しか読まないわけです。政府の報告書にあるものを土台にして『資本論』を書いているから、全く左翼本ではないんですよ。だから説得力があるんだよね。イギリス政府の報告書がベースなんだから。

そのマルクスが出発点において書いたのが、この「ヘーゲル法哲学批判序説」です。なぜこれをまず書きたかったのか？　人間を回復するには、宗教を批判しないといけないんだと青年マルクスは思ったんだな。人間は宗教みたいな、神みたいな、自分で作り上げたものを拝んでいる。それは自分の内心の投影である神を拝んでいるだけじゃないか。これではよくない。本当に拝まないといけないのは人間なんだ。しかしマルクスは書いていくうちに、われわれがここで見てきたように、人間とは何かといったら、自分の心の中にある理想的人間像だということになって、議論が循環してしまったんだよね。その結果、この「ヘーゲル法哲学批判序説」の論理というのは——近代的な神の在り処まではきちんと押さえているけれども——、最終的には破綻しているわけです。共産党系の本でこの論文の解説書があんまりないでしょ。論理が破綻していることが明白だからです。共産党系は、マルクスは無謬《むびゅう》でないといけないからね。

ハーバーマスの宗教批判

でも、このマルクスの考え方を発展させていって、今でもいろんな議論になっているんです。

今日、値段が高くて内容が分かりにくい本を二冊持ってきました。一冊目、ユルゲン・ハーバーマス『自然主義と宗教の間』法政大学出版局刊。たぶんこれ、四、五〇〇部しか刷ってないけれども、法政大学出版局はもともと財団法人ですから、金儲けしないでいいんだよね。だから出したい本を出す。四八〇〇円プラス税だから、消費税込みだと五〇〇

○円超えます。マルクスが「ヘーゲル法哲学批判序説」でやっていた作業の論理が崩れないように注意しながら、現代の状況を踏まえて書かれています。序文を読んでみましょう。

二つの相反する傾向が時代の精神的状況を特徴づけている――すなわち、自然主義的な世界像の拡大と宗教的正統主義（Orthodoxien）の増大する政治的影響である。

自然主義的な世界像って何か？

一方で、生物発生学、脳研究、ロボット工学において、治療上のそして優生学的な希望をともなう進歩が豊かな成果を生み出しながら現われてきている。これらのプログラムとともに、諸個人が自然科学的に客観化して自己を把握することが、日常的なコミュニケーション連関や行為連関にも入り込んでいくことになろう。理解され経験されるすべてのものを観察可能なものへと還元する自己客観化のパースペクティヴに慣れ親しむことは、それに対応する自己道具化への潜在的傾向をも促進することだろう。哲学にとって、この傾向と結びついているのは、科学主義的な自然主義（Naturalismus）の挑戦である。人間精神のすべての働きが一貫して有機体的な基体と結びついているという事実は、争う余地がない。論争はむしろ、どのようにしたら精神が正しく自然化されるのか、に関するものである。というのも、文化的進化の適切で自然主義的な理解は、精神の間主体的なあり方と、規則に導かれた精神の働きの規範的性格とを正当に考慮しなければならないからである。

実は私、今ここで展開されている問題にすごく関心を持っているから、動物行動学者の竹内久美子《たけうちくみこ》さんと『佐藤優さん、神は本当に存在するのですか？　宗教と科学のガチンコ対談』という本をつくったんです。竹内さんは、ドーキンスの「利己的な遺伝子」論、要するに現代版ダーウィニズムの信奉者ですよね。彼女曰く、イケメンの男はみんな女を惹きつけるような特別のフェロモンを出している。しかし、それを出していると免疫力が弱くなって、早く死ぬんだと。そういう説明をされて、歌舞伎役者がどうして早く死ぬのか何となくわかった気になったな（会場笑）。

それで、男というのは浮気をするのは当たり前で、これは種を蒔くのが仕事なんだからと言う。あと、男にとって最も嫌なことは、人の子どもを育てさせられることだとも言っていました。彼女なりの解明によれば、いろんな浮気というのは、個体を残そうとしているのではなくて、遺伝子を残すんだというわけです。愛情なんてものはなくて、遺伝子が残ろうとする働きにすぎない。種の保存なんていうのはまったくないとなります。自然主義的な世界像という点ではロボット工学もそうです。あるいは茂木健一郎《もぎけんいちろう》さんとか、もう少しお金儲けがうまい人だと苫米地英人《とまべちひでと》さんとか、ああいう人たちの唯脳論、すべて脳から説明できるという考え方もそうですね。

ところが、それともう一つ別のものがあるわけ。ハーバーマスはこう続けます。

他方で、自然主義的世界像が拡大する傾向は、信仰共同体と宗教的伝承とが思いがけずに再活性化し世界的に政治化する事態に遭遇した。ただヨーロッパだけは例外的にその恐れがないように見える宗教的諸力の再生は、哲学にとっては西洋近代のポスト形而上学的（nachmetaphysisch）で非宗教的な自己理解を根本的に批判しようとする挑戦と結びつく。議論の余地のない事実であるのは、政治形態が取りうる可能性がもはや、西洋で生じた科学的・技術的そして経済的なインフラストラクチャーが作り出す、他に選択の余地のない世界の内部にしかないということである。むしろ争点は、文化的・社会的な合理化がもたらした世俗化の結果（Säkularisierungsfolgen）の正しい解釈とは何かである。宗教的正統主義の擁護者たちは、文化的・社会的な合理化を、西洋固有の世界史的に見て特殊な道であるとしてますます弾劾しているのである。

いま、脳科学にせよ、あるいは動物行動学にせよ、そういった自然主義的なものが影響力を持っているのはヨーロッパと北米だけじゃないかと。それ以外のところでは、伝統的で、宗教的な、いわゆる原理主義みたいなものが力を持っている。そして、彼らは自然主義的な考え方、いわゆる近代科学的な考え方、つまり合理性であるとか啓蒙であるというものを、全部否定してかかってくる。やがて、この流れがヨーロッパにとって脅威になることを見抜いていますよね。これ、翻訳が出たのは二〇一四年だけど、書かれたのは二〇〇五年です。二〇〇一年の九・一一によって、「これは大変なことが起きる」とハーバーマスは気づいたわけです。自然主義と宗教という二つの方向が全く交わらないでいると、そのうち大爆発を起こすぞと。

毎朝九時から五時まで会社に行くという生活。あるいは、保育園もしくは幼稚園へ行って、小学校へ、中学校へ、高校へ行って、大学へ行ってという形での教育を受けて、決まった時間に通勤して、土日は休む、そんな規則正しく時間を管理していくような社会。物質的に豊かな社会。知が力である社会。こういう社会をどんどん発展させていくと、どうやら相反するエネルギーがあるところに全て集積していくのだと。そして、いつかその両方がクラッシュすると、われわれが拠って立っている資本主義的な社会、多元的な社会、民主的な社会、自由が保障された社会は全部ぶっ飛ぶかもしれない。そういう不安を描き出しています。

ところで、ハーバーマスという人はものすごく悪いやつなんです。宇宙で自分がいちばん頭いいと思っているわけ。事実、われわれがハーバーマスの著作を読むよりも早く、彼は書くことができるんです（会場笑）。通常の人が一生かけてやるような仕事を、二、三年でほいほい書き上げて、次の仕事をやっていく、ある意味で言論の世界で最も才能に恵まれた人です。

一〇年くらい前、京都賞を受賞して来日したんですよ。「私の本、『コミュニケイション的行為の理論』が訳されたのは大変な光栄です。こういう理性とか啓蒙とかが、ヨーロッパ・北米以外のところでも理解されているということを知って、私としては大変に喜ばしく思っています」って挨拶した。おいおい、今までわれわれをサルだと思っていたのか（会場笑）。また日本人はそれを聞いて、「ハーバーマスに評価された」なんて喜んでいるわけだよね。実際、彼は五年先、一〇年先の世の中で起きることを見通す力がある、頭のいい人ではあるんです。ただ、性格が悪い。

それの真逆がピケティです。性格はいいけども、頭の方はよく分からない（会場笑）。

ただ、あの人はハーバーマスみたく戦略的な発言はしないね。ハーバーマスみたいなズルさはなくて、国連と真理と正義と合理性を信じてるからね。そんな人物だから、やっぱり人気があるんですよ。特に日本ではね。

もう少し、ハーバーマスを読んでみようか。

この逆方向の二つの知的傾向は、対立した一連の伝統に根ざしている。固い(hart)自然主義が科学を無批判に信頼するという啓蒙の前提からの帰結として理解されるのに対して、政治的に刷新された宗教的意識は啓蒙のリベラルな前提と断絶している。しかし精神のこれら二つの形態はアカデミックな論争において衝突しているだけではなくて、政治的な諸勢力へと変貌している(……)

西洋の指導的国家の市民社会内部においても、また世界諸宗教と世界支配的な諸文化が出合う国際的なレベルにおいても、分裂が起きているんだ、と。頭のいい人たち、合理主義的な人たち、これをとりあえず「知性主義的な人」と呼ぶことにしますと、そんな知性主義的な人と、一方の「理屈なんか関係ない。心なんだよ。ツベコベ言うんじゃないよ」と言う人たち、「俺はマジだから」とかヤンキー的気合いで行く、『闇金ウシジマくん』系世界の人たちね。この二者の分裂は、国内においても、世界においても起きている。これは実は大変なことになるんだというわけ。

このハーバーマスの危機意識は、ユダヤ教のカバラー的です。合理性を発展させるでしょ。そうしたらその分、闇の領域が増えていく。それがあまりにも乖離《かいり》すると、最後はクラッシュを起こして、全てはもう一回やり直しになる。こういうユダヤ教のカバラーの危機意識と同じ発想で、この『自然主義と宗教の間』は書かれています。

結論から言えば、宗教の内在的論理を理解しないといけないよ、と。そして、宗教を信じている連中に対して、自分たちはどういう考え方をしているのかを、合理的な用語で、あくまで具体性、実証性、客観性に基づいて、ギリギリのところまで説明する努力をしていかないといけないんだ、と。そして、相手を「得体が知れないな」と思って排除するとか怖がるとかじゃなくて、得体が知れないということは、切り口を間違えているだけなんだから、と。やつらが一見得体が知れないように行動しているのは、やつらにそういう論理があるからだということを押さえておくべきだ。

イスラムとの対話もどんどん強化していくんだ、と言っています。対話して、自然主義的な考え方や合理的な考え方ができる人間を近代の側にどんどん引っ張ってくるんだ。そして、その人間をして原理主義的な連中を封じ込めさせよう。簡単に言うと、ハーバーマスはそういうふうに考えています。

つまりハーバーマスは、ヨーロッパの白人の安定して豊かな社会をこれから先もいかに維持していくかということを、すごくまじめに考えているわけです。そのためには、排除するのではなく、仲良くしましょうと言ってまず味方にはするけど、一番コアな部分には絶対入れない。こういうような形でやっていこうっていう、なかなかしたたかなおじさんなんですよ。

モンスター社員も「イスラム国」も

さて、もう一冊。こっちの方が分かりやすいよ。『公共圏に挑戦する宗教――ポスト世俗化時代における共棲のために』岩波書店刊、税別二五〇〇円。これはハーバーマスといろんな人たち、チャールズ・テイラーとかジュディス・バトラーとかコーネル・ウェストとか、現在の欧米において一級の知識人たちとの討論集です。もちろん、ハーバーマスは話している相手のことはみんなバカだと思ってるんだけどね(会場笑)。だからレベルを相当落として、やさしく話しているから、読んでいて分かりやすい。例えばこんなやりとりがあります。まずテイラーがこう発言します。

では、われわれが皆知っている演説（discourse）ではどうでしょうか。マーティン・ルーサー・キングは、アメリカ憲法について、また当時は完全には履行されていなかった憲法上の権利について語っています。キング師の演説はとても説得的であると同時に、キリスト教色の濃いものでした。出エジプトに言及し、解放を語っていました。それでも彼の言っていることは誰にでもすぐに理解できました。キング師に起きたであろう強烈な体験――たとえば、師が運動を続けると決断した台所での体験――に思いをはせる必要もなければ、その体験を頭で理解する必要も、心に思い描く必要もなかったのです。

人の心の奥底にあるものに基づいて言説（discourse）を区別することなどできるのでしょうか。

カント主義者の心の動きに注目して、私には特に刺激的でない事柄にかれらが熱中する理由を説明することもできるでしょう。しかしそんなことは先ほどの演説（discourse）とは無関係です。理解できない人がいるのでしょうか。私には宗教か世俗かで言説を区別する理由がわからないのです。

テイラーはカナダの哲学者、政治学者でマギル大学の名誉教授、ポストモダン系の有名な思想家ですよ。彼は、よい作品、よい演説、誠実な言葉、そういったものは、宗教を信じている人と信じていない人、あるいはインテリと大衆との区別なく、みんなが理解できるんじゃないかと考えているわけ。

ハーバーマスはそう考えない。知識人、エリートと、そうではない連中というのは、言葉の体系も、思考法も全然違う。宗教を信じている連中の言葉というのは独自の言葉だから、同じようなことを言っていても違う意味を持っていると。それをわれわれはきちんと理解しなければいけない、と考えている。「テイラー、お前さん、何をそんなバカなことを言ってるんだ」ということを、丁寧に、相手を怒らせないように注意しながら、ハーバーマスはこう答えます。

この二つは違うものです。宗教が及ぼす影響はある種の言説集合に属しているのです。そこで人はある世界像の枠内で、つまり人間生活の一領域についての認知的解釈の内側でのみ活動するだけではなく、私が先ほど言ったように、ある共同体の構成員であるという事実と密接にかかわる経験からも発言します。

要するに、宗教を信じている人間というのは、自分自身の独自の考えとか理性に基づいた考えなんかないよ、と。その教祖とか教団の言っていることをおうむ返しに繰り返しているだけなんだ。

人は神の姿に似せて造られた存在だという言い方は、西洋の伝統では世俗的命題に容易に言い換えること（translation）ができますし、別の人はその同じ命題をカントのオートノミー概念やある種の人権概念から導くのです。

だから、ヨーロッパにおけるキリスト教の世界に関しては、自然主義的な言語に転換することができますよと。

しかし言語間で翻訳（translation）を行っても、理性のタイプの違いはやはり残ります。

アジアとかアフリカとか中東とかへ行ったら、これはもうヨーロッパとは理性の形が違うんだと。

この違いをなくそうというあなたの戦略の背後には、防衛的な反応があるように思えてなりません。そうではありませんか。政治的な意思決定プロセスでは、宗教的理性を公共的理性に従属させるべきだ――こうした主張には、宗教的言説をすっかり時代遅れで、過去のものと見なす人々の姿勢が見てとれるのではないだろうか、そうあなたは思っているのではないでしょうか。

私はそうした立場を取ってはいません。われわれ二人は、今日の午後にこの場で何をしているのでしょう。哲学的かつ歴史的な、または社会学的な理性を用いる同一空間の内部での活動です。われわれの討議には翻訳の必要はありません。ところが政治的公共圏での宗教的発話は、ときに別の表現で言い直す（translation）ことが求められます。その内容が、法によって執行される強制力を備えた政治的決定に正当性と形式を与え、かつそれらに影響を及ぼすときです。議会や裁判所、行政機関で創世記の第一章に言及する際には、世俗的な表現で説明する必要が生じます。

われわれ二人は学者だし知識人だから、共通の言葉があるけれども、宗教を信じてそれで動いているやつとは、同じことを言っても全然違うんだぜ。だから、時にはふんづかまえないといけないことがある。そしてそういう時は宗教言語ではなく、なぜ法律に違反するのかとか、相手に分かるように言い直していかないといけない。テイラーさんがおっしゃっているのは、合理性によって宗教人に対しても分かり合えるってことでしょ。はっは、あいつらとは到底分かり合えっこありませんよ。そういうことをハーバーマスは言外に匂わせているわけだよね。ほんとに悪いやつです（会場笑）。

こういうハーバーマス的なものの考え方をきちんと読んでいると、やっぱりヨーロッパって奥が深いというか、面倒くせえなあという感じは受けるよね。

この中でテイラーがエーベルハルト・ユンゲルというプロテスタント神学者について言及しているところがあります。

たいへん重要なテーマが一つあると思います。四人全員の話に共通して出てきたものので、検討に値するものです。宗教と非宗教がお行儀よく共存するにはどうしたらよいか、そんな問いを超えるものです。本日出されたきわめて鋭い洞察を通じて、宗教から非宗教へと、あるいは非宗教から宗教へと、両者の境界をどうやって越えることができるのか、というテーマです。

ここでユンゲルに言及しているんです。彼はバルトの弟子で、おそらく現在生きている神学者の中では最も頭がいい。日本語に訳されているのは、新教出版社から出ている『死』という本。それから今は潰れちゃったヨルダン社って出版社から出た『神の存在』。この『神の存在』には「神の存在は生成において在る」という一文があって、神学の歴史を画する名著です。実は柄谷行人さんの考え方はすごくこのユンゲルに近いんです。「生成において在る」ということはつまり、神は「ある」んじゃなくて、むしろ「なる」、常に動いているって考え方ですね。

柄谷さん自身の思想も常に変わってきてますね。生成し、変容していく。思想は動いている。われわれは時間の中で常に動いているのだから、止まっているものは死んだものだけだからね。京都学派の哲学者田邊元《たなべはじめ》なんかもそうですが、柄谷さんの考えを理解するときの一つのカギになる概念は〈生成〉なんですよ。生成をキーワードにユンゲルは説いていく。このユンゲルの本を読み解くことは知的な基礎体力がすごくつくし、柄谷さんなんかが言っていることは国際的な視野で見てどういう意味を持っているのかもよくわかるようになります。

テイラーはこう続けています。

ユンゲルは宗教的理念を世俗的理性に翻訳（translation）することとしてこの主題を扱っています。ジュディスとコーネルの話にもこの主題は出てきたでしょう。この例を検討してみましょう。この場に深く関わるもので、「われわれは世界を共有する相手を選んではいない」というアーレントの考え方です。選択するという発想こそが大きな誤りなのである、ということです。

「イスラム国」が出てきてしまったら、われわれは「イスラム国」を回避できない。われわれの隣にモンスター社員がいたら、モンスター社員を回避できない。「選べる」という発想は間違いで、どんな変なものであっても、そいつの持っている論理を理解しなきゃいけない。それに賛同したり付き合ったりするかはまた別の話だけどね。

ここには根っこのところで神学的な、ユダヤ教的でキリスト教的でもある態度が見てとれます。「世界は贈り物《ギフト》である。われわれは互いに与えられている。選択の余地はない。贈られていること、それはわれわれの一部である」という発想です。

だから、モンスター社員も「イスラム国」もギフトなんです。贈り物なんです。

ここでわれわれは、贈り物という発想からこの主題をある程度外に出すことが、つまり贈り物という神学的な発想の外でこれを解釈（translation）することができると思います。そうするとこれは、預言的なものと再び結びつきます。この翻訳プロセスをどう捉えるべきでしょうか。

ただ、ここでハーバーマスたちがこんなふうに考えているのは、共棲するのは自分たちが生き残るために必要だからなんですよ。とりわけハーバーマスの真意としては、いかにしてイスラム世界を封じ込めるかってことを考えているわけ。そんなハーバーマスの悪辣な意図に気づかないで、「対話的理性を尊重している」とか「イスラム世界を大切にしている」といった誤読をくれぐれもしないようにすることが、ハーバーマスを読む時には重要なんだね。

でもハーバーマスは、ぜひみなさんに読んでほしい思想家の一人です。ハーバーマスを読んでいるかいないかで、世の中の見方がかなり変わってきますよ。とりあえずお勧めは、『認識と関心』未来社。人間は客観的に物事を認識しているなんてことは絶対ない。認識を導く利害関心というのが、認識作用に先行するのだと。さっき言った仏教のマナ識と一緒だよね。無意識のうちに自分の利益に引きつけて物事を理解する認識の構造がなぜあるのかという分析です。

それからやはり未来社から出ている『公共性の構造転換』。〈公共圏〉って言葉を聞いたことがありますか？　これは国家でもなければ、私個人でもない。「入りたいよ」と望めば、誰でも入っていける場所のこと。そこでは自分の出自とか、教育のレベルとかに関係なく、自由に発言ができる。どういうところ？　例えば喫茶店やパブ、居酒屋はそうだよね。こういうところで身分と関係なしにみんなで議論をする。重要なのは、自分の発言に責任を持つということ。それでとりあえずみんなが話をしていきましょう。そこで合意したことを実施していきましょう。こういう学級会方式で物事を決めていくと。こういう形でやっていくのが対話的な理性であり、それによって人間の暴力や抑圧というのは極小化できるんだ、という考え方です。

でも、学級会だって、みんな平等だと言いながら、スクールカーストはあるからね。その中では、頭のいいやつ、要領のいいやつがいる。成績のいいやつも、いじめられはするかもしれないけど、極端ないじめには遭わないよね。極端ないじめに遭うのは、貧困で、成績が悪い子どもたちが多い。だから学級会モデルって、現実にはなかなか成立しないんです。でも、学級会モデルという形で生き残ればいいんだな、という感じの優等生的な発想というのもハーバーマスにはすごくあるんですよ。だから彼のものを読んでいると、ズルくなるわけ。ズルく世の中を立ちまわるとか、人をうまく煙に巻くためには、ハーバーマス的な議論のやり方というのを覚えておくと役に立つ。尊敬されるかどうかは別としてね（会場笑）。ハーバーマスぐらい熟練してくると、本当は人をバカにしているのだろうけれど、ちゃんと彼のコードを読み解かないと、こっちはバカにされていること自体気づかないからね。

とりあえずの締め括りを言うと、宗教批判の問題はいまだ解決していなくて、目下のところ宗教批判を一生懸命やっている人がハーバーマス。この人は理性しか信用していない。死後の世界なんて端から信用していないわけです。自分にとって安楽な現実世界がどういうふうにできるかを考えて、死んだらそれでおしまいと思っている。こういう人の知恵、こういう人の存在というのも、なかなか面白いよね。これはやっぱりヨーロッパからしか出てこないな。アメリカからは、なかなか出てこないね。

抜き書きのすすめ

今回は二夜だけの講座でしたが、レポートの提出率も、それから完成度も実に高かった。

かなり難しい問題を出したわけですし、問いの数も多い。それについてみんなものすごく考えてくれて、分量も多く書いてありました。

レポートを提出した人の中でも、「自分はたいしたことを書けない」とか「文章を書いた経験がない」、「全問答えられない」というメモをつけた方もいる。全然かまいません。とにかく一行でも二行でも書く。今回出してくれた人で、箇条書きで三行ずつ書いている答案もあったけれども、それでいいんです。まずは「書く訓練」と思ってくれていい。そうしたら何に役立つと思う？　読む力がつくんです。読む力をつけるためには、書かなきゃいけない。

今日はもう課題がないわけだけど、自主訓練として何からやればいいか？　本当は要約をやればいいんだね。例えばハーバーマスを読んで、難しいから、どんなふうに要約したらいいかまだわかんない場合は、要約ではなくて、抜き書きをすればいい。全部の書き取りみたいなことをしたら、むしろいけません。四〇〇ページの本としたら、四〇〇字詰め原稿用紙にするとだいたい八〇〇枚くらいの分量なんです。そうしたら抜き書きは二〇枚以内。全体の二％ぐらいが丁度いい。どんなに長くても四〇枚まで。原本の五％ぐらいまで。「この本についてどこかで説明しないといけない」という状況を設定して、メモとして持っていけるのはこのくらいの量だと制限されている、そのための抜き書きをつくるんだ、と思えばいいです。パソコンに打ち込んでもいいし、iPadでもいいし、ノートに手書きでもいい。そういう時間がないとか面倒くさいということなら、コピーを取って切り貼りでスキャンしてもいいし、ハサミで切って、糊でスクラップブックに貼るっていう昔の学生のやり方でもいい。コピー取らずに、本を破って貼っても、図書館の本でなければかまわない。そういうふうにして、まず抜き書きを作ることです。

その抜き書きの横に要旨をちょこっと書くとか、キーワードを書くというようなことをやりながら、難しい本を二、三冊読むと、今度は要約が作れるようになります。

要約が作れるようになったら、次は敷衍《ふえん》。同じ内容を別の言葉で言う。あるいは短い見出しに書いてあることを、自分の言葉で長い形で説明してみる。この訓練をしておいて、難しい本を一五冊から二〇冊読む。そうすると、その後はすらすらと読めるようになりますよ。最初の一五冊から二〇冊ぐらい読むのには二年ぐらいかかるでしょう。その二年を自分にとっての教育期間としておくと、だいたい大学院の社会学とか哲学なんかで扱うような書籍を自力で読めるようになる。今回の講座で狙っていたのは、そういう基礎力をつけるというやり方でした。今回、マルクスの「ヘーゲル法哲学批判序説」から読んだところは全体の五%よりは多かったけど、これは論文で短いからね。まさに抜き書きしてほしい部分を読んだんです。そういう種明かしをしておきます。

〈質疑応答〉

受講生E　カール・バルトの神についてお聞きしたいのです。先生は、他者とか外部としての神という表現をしておられました。それを理解しようと、先生の著書なり紹介された本を読み、『ローマ書講解』はまだ通読できていないんですが少し覗いて……。

佐藤　『ローマ書講解』を読んでも、なかなかよく分かんないでしょ。

受講生E　ええ、そうなんです。

佐藤　なんていうか、常軌を逸しているというか、精神に変調をきたしている人物が書いているとしか思えないよね。

受講生E　ですから、先生が触れられた浅田彰氏の『構造と力』などでおぼろげながら理解しようとしています。で、先生の自伝的な著書を読みますと、同志社大学神学部を志したのは、もともとは「神がいない」ということを勉強したかったからだけれども、結局、一回生の時に洗礼を決断したと書かれています。先生にとって神というのは、洗礼を受けた前と後で、違う形になったのか、ちょっとお聞きしたいんですけど。

佐藤　これはね、「決断する」とか「ある」とか、そういうこと自体、キリスト教的な神と馴染まないんだよね。だから、いつの間にか入っちゃっているという、そういう感じなんです。知らないうちに、神様に伝染したっていう感じ。あなたは伝染病にかかってますよという、その証明が洗礼なんだな。そういうふうに考えたら、いつ入ったかというのは、自分ではよく分からない。いつ病気になったか分からないのと同じで、いつの間にか伝染しちゃったわけ。せいぜい、「ああ、あの時そういえば寒気がしたから、あそこではもう風邪ひいてたのかな」っていうような感じですよ。はっきりとした決断とか、入る前と後との認識の違いとか、そんなに鮮やかなものでもないんです。

むしろ最終的には、洗礼って、なんでそんなことをしないといけないのかという問題にもなる。それは教会の伝統の中で「やれ」と言っている。洗礼はサクラメントである。聖なるお方が、救済のために必要なんだと言っている。そういう伝承があって、もうこれは論理を超えることなんですね。だから、「あ、そういうものなのか。お付き合いしないといけないんですね」ということになるわけ。もっと言うと、洗礼というのは躓《つまず》きなんですよ。理屈や決断では決められない、言われるままにやらないといけない。そんな意味のない行為のように見えるんですよね。

だって、ボウルに水道から水を入れて、それを三回、頭につけるだけだよ。そんなの毎日、風呂に入って頭洗えば……（会場笑）。それで、いい人だったんだけどさ、なんだか干からびたスルメみたいな牧師に、ボウルの水を三回おでこにつけられたって、全然ありがたいと思わない（会場笑）。正直、それで救われたっていう感じはないぜ。だいたい洗礼を受けた瞬間、「新しい自分の命があると思いました」とか、あるいは、そのあと聖餐式っていうのがあって、パンと葡萄酒を口に入れるのだけども、「いま私の体の中にキリストの肉体が入ってきて、それでまさにイエスの苦しみが」とか、そういう感想を言うやつはだいたい早くキリスト教から離れるよね。興奮しやすいから、冷めやすいんだ。「え～？　やるんですか？　わざわざ洗礼とか」「いや、古くから言われていることだから、やらないといけないよ」とか言われて、「いやいや、なんで、この干からびたじいさん（牧師）のスルメみたいな手から自分は洗礼されないとならないいんだ」なんか思いながら受けた人の方が長持ちする（会場笑）。

受講生F　すごくくだらない質問ですけど、その葡萄酒って教会ごとに銘柄は変わってくるんですか？　カトリックはボルドーが多いとか（会場笑）。

佐藤　これは単純に、金持ちの教会はいいワインだよ（会場笑）。それで牧師が酒好きなら、やっぱりいいワインを揃えてるね。だいたいカベルネソービニヨン系が出るところというのは牧師がワイン通ですよ。牧師がワイン飲まないところだったら、ひどいのだと赤玉ポートワインだからね、いよいよ有難味が……（会場笑）。禁酒・禁煙教団なんていうアメリカ系のところだと、銀座の教文館でもキリスト書の売り場で売ってるんだけど、ノンアルコールワインなんていうのを出される。これは恐ろしくまずくて、もう宗教や信仰に反するレベルだと思うな。私の教会は比較的うまいワインを飲ませるっていうか、ワインをボウルに入れてね、それにパンをつけて食うというやり方をします。どうも『聖書』で読むと、イエスは横になってパンに葡萄酒をつけながら食べたみたいなので、当時の標準的な食い方ですかね。

同志社神学部の先生で、同志社の理事長を長いことやっていた野本真也《のもとしんや》先生は、もう大変な神学者ですから、聖餐式の原形が何か分かっているわけ。聖餐式って、みんなで飯を食う儀式だったんですよ。それでだんだん、みんな腹を空かせて来いと。そして、貧乏なやつや、仕事で忙しいやつが来る前に食うんじゃないよ、となってきた。で、みんな集まって、大きいパンを葡萄酒につけて食べる。教会に来ればパンを食わせてもらえるし、葡萄酒も飲めるという、そんな飲み会、食べ会を開いていきた。そのシンボリックなところを残して、今も聖餐式をやっているんだと。野本先生、ドイツに長く留学していたから、ドイツにもいい赤ワインがあることを知っている。

いちおう洗礼を受けてないと、聖餐式には参加できないのだけれど、どういうワインを飲ませているかと、利き酒的にいろんな教会を回ってみるのも面白い（会場笑）。やっぱり、聖餐式のパンと葡萄酒がうまい教会は、クリスマス会とかイースター会のときにいい食い物が出るんです（会場笑）。

前回言ったみたいに、カトリックの教会はダメよ。大抵の教会では、葡萄酒を飲ませてくれないし、パンも種が入ってないウエハースみたいなものをくれるだけです。このホスチアってパン、普通に売っているけれども、神父がミサのお祈りを捧げると、キリストの肉になるわけでしょ？　だから、ミサのときのチェックは厳重なんです。口の中に入れて、きちんと飲み込んだかどうか見ているからね。食ったふりして吐き出してポケットに入れたりしてたら、神父に羽交《はが》い絞《じ》めにされます。どうしてかというと、それを夜どこかへ持っていって、黒ミサに使うんじゃないかと疑われるの。キリストの肉に、なんか呪いをかけたりするんじゃないかって、そのへん本当にカトリックは心配するからね。このあたりもプロテスタントとカトリックはだいぶ違います。

受講生G　二つお聞きしたいことがあるんですが、前回の講義で「史的イエスの探究」ですか、啓蒙主義的な方法でイエスの存在を実証しようとしたら、それはできなかったと。しかし、二世紀にイエスの存在を信じた人たちがいることは実証された、とおっしゃっていましたが、その実証というのは具体的にはどういうことをしたのでしょうか？

佐藤　それは聖書というテキストが成立しているからですね。聖書というテキストが考古学的にいつ頃成立したかということ、それから文献実証的にどういったことがあったと書かれているか、あるいはテキストのスタイルから分かること、さまざまな観点から見ていくと、だいたい一世紀の終わりから二世紀の初めぐらいに聖書は成立した、と実証されたんです。そうすると、その時点において、「イエスは救いとしてある」と信じていた集団がいたことは間違いない。そこまでは確実に言える。しかし、それより先には遡れない。そういう意味です。

受講生G　ありがとうございます。あともう一つは、やはり前回の講義でマルクスの宗教批判は神学の分水嶺だとおっしゃいました。それでいまの神学の大前提は、宗教は人間がつくったものだと。ということは現代の神学では、神の位置づけも、人間がつくったものというのが前提になっているんでしょうか。

佐藤　われわれが神について語っていることは、例外なく、全てわれわれがつくったものです。その意味においては、われわれが語る神は宗教です。ただし、その神と、キリスト教で謂う神とは違うのです。

しかしわれわれは、宗教という言語、宗教という形態を通してしか神について語ることができない。バルト的に言えば、その矛盾を分かっている人が、それでもなお教会の礼拝の際、説教壇へと上がらねばならない。すなわち〈神の言葉を語る〉という特殊なポジシヨンにいて、〈不可能の可能性〉という形で挑まないといけない。そこで一回かぎりの具体的な状況における具体的な問題について、神ならばどういうふうにここで介入するだろうか――正確には神はそのままでは歴史に介入できないから、神と人間の唯一の接点であるイエスを媒介としてどういうふうに介入するか――そこをぎりぎりまで考えに考えて語る。自分の意思とか趣味ではなくて、あくまで神だったらこうするだろう、こう言うだろうという形で語る。むろん、それはどうしたって人間の心理作用であるということから抜け出すことができない。けれど、それでもそこには人間の心理作用を超える何ものかがあるのだ、というのがキリスト教の考え方です。この〈不可能の可能性〉に挑んだ果てに出てくる言葉が「預言」、預かる言葉なんです。神様から預かった言葉を言わないといけない。

もっと平たく考えてみようか。

もう一度、後藤健二さんを思い出して下さい。

後藤健二さんはジャーナリストとして実績もあるし、湯川遥菜さんのことも前々からよく知っているわけです。湯川さんがちょっと変った人だってことは承知している。しかし、湯川さんが少し変な人であろうとも、彼が「イスラム国」に捕まって、ぶん殴られて血を流している映像が出てきたんだと。日本政府もＮＰＯも誰も助けないし、マスコミも世論もみんな何だかこの人のことをバカにしている。しかし、それでいいのだろうか？　彼だって人間だろう？　日本人同胞だろう？

いじめの経験もあって、妻とは死別して、仕事もうまく行かなくて、ジェンダーの悩みもあって、民間軍事会社を設立するとか言って、考えていることも行動もいささか奇妙かもしれない。だけど、少し問題はあるとしたって、そういう人もいてこその人間の社会じゃないか。みんながみんな頭のいい人で、お金があって、自分の人生の目標があって、円満な家庭を築いて、自分が満足のいく仕事をしている。そういうのが人間の社会なの？　絶対にそうじゃない。満たされない人、不幸な人、恵まれない人がいつだっている。その人たちの一人がいま殺されようとしている。放っておいたら、誰からも救いの手を差し伸べられないまま、遠い砂漠でひとり孤独に間違いなく殺される。自分は、万一の可能性しかないかもしれないけれども、この人間の命を助けることができるかもしれない。しかし、それは無理なことかもしれない。また、誘拐保険をかけなきゃいけないから、それに日に一〇万円かかる。自分の持ち金の中から出すしかない。ちょうど子どもも生まれたばかりだ。もし自分が殺されたら、残された妻やその子をどうする？

そんな逡巡の中で、彼は聖書を読む。それからお祈りをする。そして、神様がどう言っているのかを模索する。神様の声を聴こうとする。われわれの感覚からすれば、後藤さんは無謀なことを思い詰めてやってしまったようにしか見えない。自民党の高村正彦《こうむらまさひこ》副総裁がいみじくも言ったように、「蛮勇」にしか見えない人が世の中にはたくさんいるだろう。ところが後藤さんからすれば、あの行動は神様の声に動かされてのものだった。僕は同じキリスト教徒で、同じ日本基督教団に所属しているけれども、湯川遥菜さんの問題に関してそういう神様の声は聴こえない。僕には全く聴こえなかった。決して行くべきじゃないと思うし、率直に言って、自己責任をとらなくてはならないと思う。ただ、後藤さんに湯川さんを救《たす》けなさいという神の声が聴こえていたっていうことだけは、僕にも分かる。目立ちたいとか、その映像をテレビ会社に売って金儲けをしたいという動機では、あそこまでのリスクを人間は冒せない。これは彼の中で神の声が聴こえていないと出来ない行為だと思う。

前回言ったように、後藤さんは召命を受けたのだと思っています。召命は理性や意志などと違って、人間の内部から生じたものではありません。外部から、超越的な声が聴こえるのです。それは圧倒的な経験です。むろん、自由意志を持つ人間はその声を拒否したり抵抗したりもできる。でも信仰を持つ人間にとって、召命に無条件に従うことは義務なのです。この義務は社会的な常識や世間知や人間の理性を超えたものです。召命は神と人間が交流する中で、真似できないもの、一回限りのもの、常に新しいものとして起きるのです。

後藤さんはそんな神の声について、自分の教会にも日本基督教団にも説明していない。あくまで神様と自分の関係だから、奥さんにも説明しない。それは説明した途端に、ズレた言葉になってしまうから。このあたりのことを、フリードリヒ・ゴーガルテンが『我は三一の神を信ず』という前回挙げた本の中で「災いなる転化」と呼んでいます。言語に転化してしまった瞬間に、神からの言葉はどうしようもなくズレていく。だから、言語化して他人に伝えることはできない。いちばん重要なことは秘密にしておかないといけない。

では、湯川さんについて神の声が聴こえなかった私自身に引きつけてみると、どういうことがあったか?

二〇〇二年に、私は外務省の官房長経験者である飯村豊《いいむらゆたか》審議官から「あんたが鈴木宗男《すずきむねお》のことをいちばんよく知っている」と言われました。「もちろん、私利私欲のためでなく、外務省の仕事として鈴木さんと付き合ってきたことは、われわれはよく分かっている。しかし、このままあんたが鈴木さんと一緒に突き進むのなら、うちはもう守りきれない。だから、鈴木宗男攻撃に加われ。そうすれば、あんたは助かるんだ」と彼は言った。

しかし、私は断りました。鈴木宗男攻撃? それはできない。その時、私の心の中で神様の声が聴こえているんです。あのね、人間として、鈴木さんなんかと付き合ったっていいことないとは分かっているわけよ。このままだったらパクられるかもしれないし、もっとエライことが待っているかもしれない。そういうふうには重々思っているんだ。このままだと将来の可能性なんて全部なくなってしまうとも充分分かっている。ずっと組織の中にいて、外務省の中で守ってもらえれば、どんな閑職に飛ばされたとしたって、六三歳まででなんとか面倒見てもらえることだって、よく知っている。ラクに生きられる。ところが、そこで私の中に神様の声が聴こえてくるわけです。「それはやったらいけないことだ」と。あともう一つ、「何とかなるはずだ」と。加担するな、お前はこの難しい時を自力で切り抜けられるはずだ、という声が聴こえてくる。でも、このことはいまだにうまく言語化できないんだよね。今ここで言葉にしてみたけれども、やっぱりズレているわけ。あそこで自分が本当に考えていたことや感じたこととはね。

自分が考えていることを言葉にできるかどうかというのは、作家にとってはものすごく重要な問題で、実は完全に言葉にすることはどんな作家にもできないんですよ。

神と宗教の違いはある。神と言ったら宗教じゃないか、というのはその通りなんです。ただ、言語化された神は疎外されたもので、本来の神とは関係がない。しかし、それ以外の形でわれわれが神について表現する方法はない。それでも本来の神の声としか思えないものが人間に聴こえることがある。まあ、そんなところですね。

附録

ヘーゲル法哲学批判序説

カール・マルクス／日高普訳

ドイツにとって宗教の批判は本質的に終わっている。そして宗教の批判こそ一切の批判の前提なのである。

「家庭の平安のための祈り」という天国の迷妄が論破された以上、現世に存在する迷妄も暴露された。人間は、天国という空想的現実のなかに超人を探し求めながら、自分自身の反映しか見つけ出さなかったのだから、自分の真の現実性を求め、また求めなければならないような所では、もはや自分自身の幻影だけを、非人間だけを見いだそうという気は持たないであろう。

反宗教的批判の根本は、人間が宗教を作るのであって、宗教が人間を作るのではない、ということである。たしかに宗教は、人間が人間らしい生き方をまだしていないか、もうできなくなっている場合の、自己意識であり自己感情である。けれども人間というものは、けっしてこの世界の外にうずくまっている抽象的存在ではない。人間、それはつまり人間の世界のことであり、国家であり社会のことである。この国家、この社会が、宗教という倒錯した世界意識を生みだすのは、この国家、この社会が倒錯した世界であるためである。

宗教は、この世界の一般理論であり、その百科辞典的な綱要であり、その論理学が通俗的な形をとったものであり、それの精神主義的な名誉問題であり、それの興奮であり、それの道徳的是認であり、それのおごそかな補足であり、それの慰めと弁解の一般根拠でもある。宗教が人間の本質を空想的に実現したものであるのは、人間の本質が真の現実性を持っていないからである。だから宗教に対する闘争は、間接的には、宗教を精神的香料として用いているこの世界に対する闘争である。

宗教上の不幸は、一つには実際の不幸のあらわれであり、一つには実際の不幸に対する抗議である。宗教は、悩んでいる者のため息であり、また心のない世界の心情であるとともに精神のない状態の精神である。それは、民衆のアヘンである。

幻想のなかで民衆の幸福をあたえる宗教を廃棄することは、現実のうちに民衆の幸福を要求することである。自分の状態についての幻想を捨てろと要求することは、幻想を必要とするような状態を捨てろと要求することである。だから宗教の批判は、いずれは、宗教を後光にいただく苦しいこの世の批判にならずにはいられないものである。

批判は、鎖についていた空想的な花をむしりとったが、それは、人間が幻想も慰めもない鎖を背負うようにというためではなく、むしろ人間が鎖を振り捨て、いきいきとした花を摘みとるようにというためである。宗教の批判は、人間を迷いから目ざめさせるが、それは、人間が迷いを捨てて理性的になった人間らしく、考え、ふるまい、自分の現実を形づくるようにというためであり、また自分自身を中心に、したがって実際の太陽を中心に行動するようにというためである。宗教は、人間が自分を中心に行動するようになるまでの間、人間のまわりを廻る幻想上の太陽であるにすぎない。

こうして、あの世の真理が消え去った以上、この世の真理を打ち立てることが、歴史の任務である。人間の自己疎外の神聖な姿が仮面をはがれた以上、神聖でない姿での人間の自己疎外の仮面をはぐことが、まず第一に、歴史に奉仕する哲学の任務である。だから、天上への批判は地上への批判に変わり、宗教への批判は法律への批判に、神学への批判は政治への批判に、変わるのである。

これからの叙述は――こうした批判の仕事への寄与をなすものであるが、――さしあたってはは国家哲学や法哲学の本来の姿についてあてはまるものではなく、ドイツ風にゆがめられたもの、ドイツの国家哲学や法哲学についてあてはまるものであって、その理由はただ、この叙述がドイツに関連しているからにほかならないのである。

ドイツの現状そのものから出発しようとすれば、たといそれが唯一の適当なし方、つまり否定的なし方で出発するとしても、結果はいつも時代錯誤であることに変わりはないであろう。わが国の政治の現状を否定することさえ、すでに、近代諸国民の歴史のがらくた置場の中のほこりまみれの事実として存在するのである。髪粉《かみこ》をつけたかつらを否定するとしても、やはり髪粉をつけていないかつらでいるまでのことである。一八四三年のドイツの状態を否定するとしても、現代の焦点に立っているどころか、フランス式の年代で数えれば一七八九年に達しているかいないかぐらいのものである。

なるほど、ドイツの歴史は、歴史の天国でどんな国民も先例を示したこともなければ、今後まねることもあるまいと思われる一つの運動を自慢にしている。つまりわれわれは、ほかの近代諸国民が革命をやった場合自分だけはしないでおいて、ほかが復古をすればこれは自分も一緒にやったのである。われわれが復古をしたのは、第一にはほかの諸国民が革命を敢行したからであり、第二にはほかの諸国民が反革命を蒙《こうむ》ったからである。はじめにはドイツの支配者が恐怖を感じたからであり、次にはドイツの支配者が少しも恐怖を感じなかったからである。われわれはついにただ一度だけ、支配者を先頭に立てて自由の社会に参加したが、それは自由の社会を埋葬する日のことであった。

これまでこの通りだったのだからといって現在の下劣さを正当化する学派、民衆への圧迫が年代を経た伝統的で歴史的なものであれば、この圧迫に対して民衆が上げる叫び声をことごとく反逆であると宣言する学派、イスラエルの神からそのしもべであるモーゼが指示されたように、歴史からただ経験的にだけ学んだ学派、この歴史法学派は、したがって、もし自分がドイツ史によって作りだされたものでなかったら、彼らがドイツ史を作ってしまったであろう。シャイロックとして、ただし召使いであるシャイロックとして、この学派は、民衆の心臓から切りとった肉一ポンドごとについて、その証文、その歴史的証文、そのキリスト教的ゲルマン的な証文を、全面的に信頼しているのである。

これと違って、ひとのいい熱情家、心情はドイツ国粋主義者であり頭は自由思想家である人達は、わがドイツの自由の歴史を、ドイツ史のかなたにあるチュートンの原始林に求める。しかしそれが森林の中しか見いだされないとしたら、ドイツの自由の歴史は、いのししの自由の歴史とどこが違うのだろうか。おまけによく知られているように、森の中に向かって叫ぶと、森からこだまが返ってくるものである。されば、チュートンの原始林に平和あれ！

ドイツの現状に闘争あれ！　その通りだ！　その現状は歴史の水準以下にあり、あらゆる批判の水準以下にある。けれども批判の対象であることには変わりがない。ちょうど人間性の水準以下である犯罪人でも、刑吏の相手であることには変わりがないのと同じである。この状態と闘争する場合、批判は頭脳の情熱ではない。それは情熱の頭脳である。それはメスではなくて武器である。その相手は、批判が論破しようとするのではなくて絶滅しようとする敵である。なぜならドイツの現状の精神はもう論破されてしまっているからである。この現状はそれ自身として考えるだけの値打ちのあるものではなく、軽蔑されるべきであるとともにすでに軽蔑されている存在である。批判そのものは、この相手と了解しあう必要はない。話はすでについているからだ。批判はもはや自己目的としてではなく、ただ手段としてふるまう。その本質的な情念は憤激であり、その本質的な仕事は告発である。

みじめなもの一切を温存することによって存続し、それ自身支配のみじめさにほかならないような支配体制、こういう支配体制の枠に閉じこめられている、すべての社会階層相互の重苦しい圧迫や、全般的な怠惰の憂鬱や、勘違いして自分を肯定しているような偏狭さ、こうしたものを描写することこそが問題なのである。

何というありさまだろうか！　社会は多種多様な層に限りなく分裂しており、それらの層はくだらない反感と悪意と、そして粗野な凡庸さとをもって互いに対立し、また、地位が相互にまぎらわしく疑わしいために形はいろいろあってもすべて区別なしに、その王侯たちからそう定められた存在として取り扱われているのである。そして彼らが支配され、統治され、所有されているということさえも、彼らはこれを神からそうさだめられたものとして承認し公言しなければならないのだ！　他方ではその支配者たち自身も、その偉大さは自分たちの頭数に反比例しているのだ！

こういう内容を取り扱う批判は、格闘という形をとった批判であって、格闘の場合相手が高貴な、対等な、やりがいのある相手であるかどうかは問題でない。問題は、相手をやっつけることである。問題は、ドイツ人に片時も自己欺瞞とあきらめを許さないことである。彼らに圧迫を自覚させることによって実際の圧迫を従来以上に感じさせ、屈辱をはっきりさせることによって従来以上に屈辱を感じさせなければならない。ドイツ社会の階層ごとにそれがドイツ社会の恥部であることを描写しなければならず、これらの沈滞して石のようになった諸関係に、それらに特有のメロディを歌ってきかせることによって、むりにも踊りを踊らせなければならない！　国民に勇気をおこさせるために、自分でも驚くほどの力があることを教えなければならない。これによってドイツ国民の止みがたい欲求が満たされる。しかも国民の欲求は、それ自身それが満足されるための究極の根拠である。

そして近代諸国民にとってさえ、ドイツの現状のせせこましい内容に対するこの闘争は、関係のないものではない。なぜならドイツの現状は旧政体のいつわらざる完成であり、しかも旧政体は近代国家の隠された欠陥であるからである。ドイツの政治の現状に対する闘争は、近代諸国民の過去に対する闘争であって、これら国民はいまだにこの過去のなごりに悩まされているのである。これら諸国民のもとで悲劇を演じた旧政体が、ドイツで亡霊として喜劇を演ずるのを見るのは、彼らにとって非常に教訓的である。旧政体が世界の伝統的権力であり、これに対して自由が個人の思いつきであった間、ひとことでいえば、旧政体が自分でもその正当さを信じ、また信ぜずにはいられなかった間は、その歴史は悲劇的であった。旧政体が既存の世界秩序として、やっと成立しかけていた世界と闘っていた間は、旧政体には世界史的な誤謬が存在していたが、しかしそれは決して個人的な誤謬ではなかった。だから、旧政体の滅亡は悲劇的だったのである。

これと違って現在のドイツの政体は、時代錯誤であり、旧政体の無意味さが衆目に暴露されたという、一般に認められた動かしがたい事実に対するあきらかな矛盾であって、なお自分で自分を信ずべきものと想像するだけでありながら、しかも世界に対して同じ想像を持てと要求するのである。もし自分特有の本質を信じているとすれば、その本質をほかの本質の外観の下に隠したり、偽善や詭弁の中にその逃げ道を求めたりするだろうか。近代の旧政体は、もはや世界秩序の道化役者でしかなく、しかもその真の主人公はすでに死んでしまっている。歴史は根本的なものであって、古い姿を墓場に持っていくときには、たくさんの段階を通るものである。世界歴史の姿の最後の段階は、それの喜劇である。ギリシャの神々は、アイスキュロスの「縛られたプロメテウス」の中で傷ついてすでに悲劇的に死んだのだが、ルキアノスの「対話」の中でもう一度喜劇的に死ななければならなかった。なぜ歴史はこういう道筋をたどるのだろうか。それは人類がその過去と明るい気持で別れるためである。こういう明るい歴史的運命を、われわれはドイツの政治権力にも要求するのだ。

ところで近代の政治的社会的な現実そのものが批判に付せられるようになると、したがって批判が真に人間的な問題に高められるようになると、批判はドイツの現状から離れてしまうか、その対象をとらえるべき点以下のところでとらえるであろう。例をあげよう！政治的世界に対する産業の、一般には富の世界の関係は、近代の主要問題である。この問題はどういう形でドイツ人を動かしはじめるのか。保護関税、貿易制限制度、国民経済の形をとってである。ドイツ国粋主義は人間から物質に乗り移り、こうして、ある朝目ざめると、ドイツの綿花の騎士と鉄の英雄が愛国者になりかわっていた。だからドイツでは、独占の対外的な至上権が認められることによって、対内的な至上権も認められだしている。このように、フランスやイギリスで終わりかけていることが、ドイツではいま始まりかけているのだ。フランスやイギリスでは、古い腐った状態に対して理論上反逆が起こっており、鎖を耐えているような気持でやっとそれを我慢しているにすぎないのに、ドイツではこういう状態が美しい未来の明けゆく曙光として迎えられている。しかもその未来への待望たるや、ずるい理論から非常な厳しさをもった実践に移ることさえ、到底しないのである。フランスやイギリスでは、問題は政治的経済、つまり富に対する社会の支配であるのに、ドイツでは、問題は国民的経済、つまり国民に対する私有財産の支配である。こうしてフランスやイギリスでは、ぎりぎりのところまで進められた独占を廃止することが問題であるのに、ドイツでは、独占をぎりぎりのところまで進めることが問題である。あちらでは解決が問題であり、こちらではようやく衝突が問題である。これは、近代の諸問題のドイツ的な形を示すのに好適な例であり、ドイツの歴史がこれまでまるで未熟な新兵のように、古くさくなった歴史をまねて練習することばかりを任務にしてきたことを示す一例である。

だからもしドイツの全体としての発展がドイツの政治上の発展以上に進んでいなかったとしたら、ドイツ人はせいぜいロシア人と同じようにしか、現代の諸問題にかかわることができなかったであろう。とはいえもし個々の人が国民という枠によって拘束されていないとしたら、個人の解放によっても国民全体はそれほど解放されるものではない。ギリシャの哲学者のなかにスキチア人が一人いるからといって、スキチア国民が一歩でもギリシャ文化の方に前進したわけではないのである。

さいわいなことに、われわれドイツ人はスキチア人ではない。

古代の民族が自分たちの前史を空想のうちに、つまり神話のうちに経験したように、われわれドイツ人は自分たちの後史を思想のうちに、つまり哲学のうちに経験した。われわれは現代の歴史上の同時代人ではないが、その哲学上の同時代人である。ドイツ哲学はドイツ史の観念の上での延長である。だから、ドイツの現実の歴史の未定稿を批判するかわりに、観念の歴史の遺稿である哲学を批判するなら、この批判は、現在「それが問題だ《ザット・イズ・ザ・クエスチョン》」といわれている問題のまっただ中に触れることになる。先進諸国民のもとでは、近代的国家状態との実践的な決裂であるものが、そういう状態さえもまだ全然存在しないドイツでは、さしあたってはその状態が哲学上に反映したものとの批判的な決裂となるのである。

ドイツの法哲学と国家哲学は、公式の近代的な現在と比肩しうる唯一のドイツ史である。だからドイツ国民は、この夢の歴史と自分たちの現在の状態とを一つのものとして、この現在の状態ばかりでなく同時にその抽象の世界での延長をも批判に付さなければならない。ドイツ国民の未来は、その現実の国家状態と法律状態を直接に否定することだけに限られることも、また理念上の国家状態と法律状態を直接に実現することだけに限られることもできない。なぜならドイツ国民は、その現実の状態の直接の否定をその理念上の状態の中にもっており、その理念上の状態の直接の実現を、隣接諸国民を観察して、ほとんどもう経験し尽くしているからである。だからドイツの実践的政党が哲学の否定を要求するのは正しい。要求するのは正しいが、まじめに実行もせず実行することもできないような要求を、いつもくりかえしているだけであるのは正しくない。彼らは哲学に背を向け、顔をそむけて――非難する月並なきまり文句を少しばかりそれにつぶやきかけることで、哲学の否定を実現できるのだと信じている。彼らの視野は非常に狭くて、哲学もやはりドイツの現実が生んだものだとは考えないか、またはそれを、ドイツの実践とそれに役立つ理論より低いものだと思いこんでいるのだ。諸君は、現実の生命の萌芽にむすびつかなければならない、と要求するのだが、しかし、ドイツ国民の現実の生命の萌芽は、これまでにその観念のなかにだけ優れた業績を生んできたことを忘れている。ひとことでいえば、諸君は哲学を現実化せずにはこれを止揚できないのである。

哲学から出発した理論的政党も、これと同じまちがいを、ただささかさまの形で犯している。

この党は、現在の闘争がドイツ社会に対する哲学の批判的闘争だけであると考え、これまでの哲学そのものがこの社会に属しているものであり、たとい理念の上であってもそれの補足物であるということを考えなかった。彼らは、反対派に対しては批判的な態度をとり、自分自身に対しては無批判的な態度をとった。つまり、彼らは、哲学の前提から出発してその一定の結論に立ち止まってしまったり、または、ほかからもってきた要求と結論を哲学の直接の要求と結論であるかのように主張したりしたのである。ところがこれらの要求と結論とは――それが正しいと仮定しても――反対にただこれまでの哲学の否定、哲学としての哲学の否定によってしか得られないものなのである。この派のことをもっと立ち入って叙述するのは控えよう。彼らの根本的欠陥を要約すれば、哲学を止揚することなしにこれを現実化できると信じていたという点である。

ドイツの国家哲学と法哲学は、ヘーゲルによって最も徹底した、最も豊かな、決定的な表現を与えられたのであるが、この哲学の批判は、二重のもの、つまり近代国家とこれに関連した現実の批判的分析、およびドイツの政治的法律的な意識の従来の方法全部の決定的な否定の二つであって、この意識の最も優れた、普遍的な、科学にまで高められた表現こそ、思弁的法哲学そのものにほかならないのである。この思弁的法哲学は、つまり、その国家の現実がたといライン河の向こう岸しかないかもしれないがとにかくこちら側にはない、そういう抽象的な途方もない近代国家の思想は、ただドイツにだけ可能だったのであるが、これを裏からいえば、実際の人間を捨象するドイツ風の近代国家の像が思想上に可能であったのは、要するに、近代国家そのものが実際の人間を捨象するものであり、また人間全体を空想的なやり方でだけ満足させるものであるためである。ドイツ人はほかの国民が実行したことを政治のうえで思考した。ドイツは他国民の理論的良心であった。ドイツ思想の抽象性や超越性は、ドイツの現実の一面性や低級さといつも歩調をそろえていた。だから、ドイツ国家制度の現状が旧政体の完成、近代国家に突き刺さったとげの完成をあらわすものであるとすれば、ドイツ国家学の現状は近代国家の未完成、とげの刺さった肉そのものの腐敗をあらわすものである。

思弁的法哲学の批判は、ドイツの政治意識の従来の方法の決定的な反対物であるためだけでも、それだけに終わるものではなく、実践によってのみ解決されるような課題に突き進むのである。

ドイツは原理の高尚さにふさわしい実践に到達できるか、言いかえれば、ドイツを近代国家の公式水準にまで高めるばかりでなく、この国民が近い将来達するであろう人間的な高さにまで高めるような革命に到達できるであろうか、ということが問題になる。

批判の武器はもちろん武器の批判のかわりをすることができず、物質的な力は物質的な力で倒すよりほかにない。しかし理論もそれが大衆の心をつかむやいなや、物質的な力になる。理論はヒューマニスティックに表明されると大衆の心をつかみ得るようになり、そしてラディカルになるとヒューマニスティックに表明されるのである。ラディカルということは、ものごとを根本からつかむということである。だが人間にとっての根本は、人間そのものである。ドイツの理論がラディカルであること、したがって実践的エネルギーをもつということのあきらかな証拠は、それが宗教の決定的な積極的止揚から出発したことにある。宗教の批判は、人間が人間にとって最高の存在である、という説に尽きる。つまり、人間を、賤められ、屈従させられ、見捨てられ、軽蔑された存在にしておくような一切の諸関係、畜犬税が提案された際あるフランス人が「あわれな犬よ！　おまえ達までも人間並みに取り扱われようとしているのだぞ！」と叫んだ言葉で最もうまく描かれているような諸関係を、覆そうとする至上命令をもって尽きるのである。

歴史的にも、ドイツにとって理論的解放は特別の実践的意味を持っている。ドイツの過去の革命もやはり理論的であって、宗教改革がそれである。革命が、その当時の僧侶の観念から始まったように、現在では哲学者の観念から始まるのである。

ルターはたしかに帰依からの屈従を克服したが、それは確信からの屈従を代わりに持ってきたからであった。彼は権威への信仰を打破したが、それは信仰の権威を挽回したからであった。彼は僧侶を俗人らしくしたが、それは俗人を僧侶らしくしたからであった。彼は外形的な宗教心から人間を解放したが、それは宗教心を人間に内在的にしたからであった。彼は体を鎖から解放したが、それは心を鎖につないだからであった。

けれども、プロテスタンティズムは課題の真の解決ではなかったにしても、課題の真の提出であった。もはや俗人とその外にある僧侶との闘争が問題ではなくなった。問題は、自分の中にある僧侶との、自分の僧侶的精神との闘争である。そしてプロテスタンティズムがドイツの俗人を僧侶らしくしたことが、俗界の法王にあたる諸侯やその伴僧にあたる特権者や町人を解放したとすれば、哲学が僧侶的なドイツ人を人間らしくすることは、国民を解放することになろう。しかし解放がかならずしも諸侯のところだけに限られなかったように、財産を世俗のものにすることは、まっさきに偽善的なプロシャが手をつけたような、教会からの収奪だけには限られないであろう。その当時には、ドイツ史上最もラディカルな事実であった農民戦争が、神学に触れて挫折した。神学そのものが挫折した今日では、ドイツ史上最も不自由な事実であるわれわれの現状は、哲学に触れて砕けるであろう。宗教改革の前には、公式のドイツはローマの無条件の奴隷であった。革命の前には、公式のドイツは、ローマのではないにしても、プロシャとオーストリアの、田舎貴族と町人どもの無条件の奴隷である。

とにかくドイツのラディカルな革命にとって、一つの重大な困難があるように思われる。革命には実に受動的要素が、物質的基礎が必要である。理論はつねに、それが国民の要求の実現である場合だけ、国民のうちに実現される。さてドイツ思想の要求とドイツの現実の回答との間に途方もない食い違いがあるのに照応して、市民社会と国家との間、市民社会とドイツ国民自身との間に、途方もない食い違いがあるのではあるまいか。理論上の欲求は直接に実践上の欲求となるだろうか、思想が実現に向かって突き進むだけでは充分でない。現実が自分を思想に押しつけなければならないのだ。

だがドイツは政治的解放の中間段階を、近代的諸国民と同時に上りはしなかった。ドイツは、自分が理論的に克服した段階にさえ、実践上ではまだ到達していない。どうしてドイツは、命がけの飛躍によって自分自身の障壁を飛び越えるばかりでなく、同時に近代諸国民の障壁、つまりドイツが実際に自分の現実の障壁からの解放であると感じ、またそのようなものとして追求しなければならないような障壁をも、飛び越えることができるだろうか、ラディカルな革命はラディカルな欲求の革命でしかありえないが、その欲求の前提と根拠とがまさに欠けているように思われる。

けれどもドイツは、近代諸国民の発展の現実的闘争に活動的に加勢しないで、ただ抽象的な思想の活動だけによってこの発展と一緒に進んだとすれば、他方では、この発展のたのしみや部分的満足に与《あずか》らないで、その苦しみだけに与ったのであった。一方の抽象的な活動に、他方の抽象的な苦しみが照応する。だからドイツは、ヨーロッパ解放の水準にまだ一度も立たないうちに、いつのまにかヨーロッパ没落の水準に立っているようになるだろう。ドイツは、キリスト教の病気にかかっている偶像崇拝者のようなものだ、ということができよう。

何よりもまずドイツの諸政府を考察するならば、それらの政府が、時勢に押され、ドイツの状態に押され、ドイツ文化の立場に押され、最後に自分の好都合な本能に駆られて、われわれがなんの利益にも与らないような近代国家の世界の文明の欠陥と、われわれが満喫する旧政体の野蛮の欠陥とを結合し、その結果として、ドイツは、意識的ではないにしろ少くとも無意識のうちに、ドイツの現状を超えた国家形成にますます参加せざるをえなくなる、ということがわかる。たとえば、いわゆる立憲制ドイツほど、立憲的国家制度の現実をまるで持っていないくせに、非常に無邪気にその制度のあらゆる幻影を他国並みに持っているような国が、世界にあるだろうか。あるいは、検閲の苦痛と、出版の自由を前提とするフランスの九月法令の苦痛とを結びつけようとするドイツ政府の着想は、必然的なものではなかったろうか！　ローマのパンテオンにはすべての国民の神々が見いだされたように、神聖ローマ・ドイツ帝国には国家形態の罪業のすべてが見いだされるであろう。こういう混合主義がこれまで予想もされなかった極端さにまで達するということは、ことに一人のドイツ国王の政治的審美的な貪欲がこれを保証している。つまり彼は王制のあらゆる役割を、封建的のも官僚的のも、絶対主義的のも立憲的のも、専制的のも民主的のも、国民の人格を通してでなくても自分の人格を通して、国民のためでなくとも自分自身のために、演じようと考えているのである。現代の政治の欠陥を組み立てて独自の世界をつくったものともいえるドイツは、現代の政治の一般的障壁を打ち倒さないでおいて、ドイツの特殊な障壁だけを打ち倒すことはできないであろう。

ドイツにとって空想的な夢であるものは、ラディカルな革命ではなく、普遍的人間的解放でもなく、それはむしろ部分的な、単なる政治的な革命であり、家の柱をそのままにしておくような革命である。部分的な、単なる政治的な革命は何を根拠にしておこなわれるのであるか。市民社会の一部が解放され普遍的な支配を握るようになるということを、また特定の階級がその特殊な地位にもとづいて社会の一般的解放を企てるということを、根拠にするのである。この階級は社会全体を解放するが、しかしそれは、社会全体がこの階級の地位につくということ、したがって例えば財産と教養を持っているとかまたはそれを任意に得ることができるということを前提とした上でしかおこなわれないのである。

市民社会のどんな階級も、自分や大衆のうちに熱狂的な瞬間を呼び起こさずに、こういう役目を果たすことはできない。この瞬間には、その階級が社会一般と心から結びつき、溶けこみ、入り交じって、社会の普遍的代表者と感ぜられ認められるのであり、さらにその階級の要求と権利とが真に社会そのものの要求と権利になり、その中ではその階級が実際に、社会の頭脳であり社会の心臓であるとされるのである。ある特定の階級は、ただ社会の普遍的権利という大義名分のもとでだけ、普遍的支配を要求することができる。この解放者としての地位を手に入れ、それによって社会のすべての階層を自分の階層の利益のために政治的に利用するためには、革命的エネルギーと精神的自信だけでは充分でない。

一国民の革命と市民社会のある特定の階級の解放とが一致するためには、一つの身分が社会全体の身分をあらわすものだと考えられるためには、反対に、社会の一切の欠陥がある他の階級に集中されていなければならず、またある特定の身分が一般的な衝突をあらわす身分、一般的障壁の化身でなければならず、また特定の社会的階層が社会全体のあきらかな犯罪の結果だと考えられなければならず、そのようにして、この階層の解放が一般的な自己解放としてあらわれるのでなければならない。ある身分がとくに解放する身分であるためには、逆にほかの身分が公然たる抑圧のもとにある身分でなければならない。フランスの貴族と僧侶が否定的一般的な意義を持っているということは、彼らに最も近くてしかも彼らと対立していたブルジョアジーの階級が肯定的一般的な意義を持っているということを条件づけたのである。

ところがドイツでは、どんな特定の階級も、徹底性や鋭さや勇気やこれこそ社会の否定的な代表者なりと太鼓判を押しても良いような果敢さを、持っていないだけではない。同じようにどんな身分も、たとい一瞬でも国民の魂と同化するほどの心の広さ、物質的な力を鼓舞して政治的な力に高めるだけの天分、敵に向かって、おれは無だ、しかも一切でなければならないのだ、と不敵なことばを投げつけるだけの革命的な面魂《つらだましい》を、持っていない。個人についてばかりでなく階級についても、ドイツの道徳と誠実の中心となっているのは、むしろ、偏狭さを発揮したり発揮させたりするほどの適当な利己主義である。このためドイツ社会のさまざまな階層相互の関係は、劇的ではなくて叙事詩的である。どんな階層も、自分が圧迫されるときにはそうではないが、自分が努力しないのに時勢の力で社会の下層が作りだされ、自分の方からそれに圧迫を加えることができるようになると、たちまち自信を持ち始め、自分の特定の要求を掲げてほかの階層のわきに陣どり始めるのである。ドイツの中産階級の道徳的自覚というものでさえ、ほかのすべての階級の俗物的な中庸性の普遍的代表者であるという意識にもとづいているものにすぎない。だから、悪いときに王位についた王ばかりでなく、市民社会のどんな階層も、勝利を祝うより先に敗北を舐め、自分に立ちはだかっている障壁を克服するより先にその障壁を強化し、寛大な性質を発揮できるより先にけちくさい性質を発揮し、その結果、大役を果たす機会さえしっかりつかまないうちにいつも逃がしてしまい、どんな階級もそれより上層にある階級と闘争を始めるやいなや、それより下層にある階級との闘争に巻きこまれてしまう。こうして、諸侯が国王と、官僚が貴族と、ブルジョアがこれら全部と闘争している間に、一方ではプロレタリアがすでにブルジョアに対する闘争を始めているというありさまである。中産階級が自分の立場から解放の思想をつかみとるだけの勇気を持つか持たないかのうちに、もう社会状態の発展と政治理論の進歩とは、中産階級の立場そのものを、時代遅れであるとか、少くとも疑わしいものであると言明するのである。

フランスでは、ある人が一切であろうとすれば、何者かであれば充分である。ドイツでは、ある人が一切を放棄するのでなければ、何者であることもできない。フランスでは、部分的解放が全般的解放の基礎である。ドイツでは、どんな部分的解放にとっても全般的解放が必要条件である。完全な自由を生むべきものは、フランスでは段階的解放の現実性であり、ドイツでは段階的解放の不可能性である。フランスでは、国民のうちのどんな階級も政治的理想主義者であって、自分をまず特定の階級としてではなく、社会的欲求一般の代表者として感じている。だから解放者という役割は、劇的な運動を続けながら、フランス国民のさまざまな階級に順々に移っていき、ついには、人間の外部にありながらしかも人間社会によって作りだされた一定の条件を前提として社会的自由を実現しようとはせず、むしろ社会的自由を前提として人間存在の条件のすべてを組織するような、そういう階級にまでこの役割は到達するのである。これと違ってドイツでは、実際生活が非精神的であるうえ精神生活が非実際的であるので、市民社会のどんな階級も、直接の状態によって、物質的な必要によって、束縛そのものによって、そうするように強制されないうちは、一般的解放の欲求も能力も持たないのである。

そうならドイツの解放の積極的な可能性はどこにあるのだろうか。

答はこうである。ラディカルな束縛を持った一つの階級を形成すること、この階級とは、市民社会に属しながら市民社会に属しない階級であり、一切の身分の解消であるような一つの身分であり、普遍的な苦悩を感じているために普遍的な性格を持ち、なにか特定の不正ではなしに不正そのものを蒙っているためにどんな特殊的権利をも要求せず、また、もはや伝統的な大義名分ではなしにただ人間としての大義名分だけをよりどころとすることができ、ドイツの国家制度の、結果に一面的に対立するのではなくその前提に全面的に対立するような一つの階層、そして最後に、社会の他のあらゆる階層から自分を解放するとともに社会の他のあらゆる階層を解放することなしには、自分を解放することができないような、ひとことでいえば、人間性を完全に失ったものであり、したがって人間性を完全に取り戻すことによってだけ自分自身を自由にすることができるような、そういう階層を形成することとである。社会のこういう解体を、ある特定の身分であらわせば、それはプロレタリアートである。

プロレタリアートは、ドイツにとっては、産業の運動が侵入してくるにつれて、ようやく成立しはじめている。なぜなら自然に発生したものではなくて人為的に作りだされた貧困が、つまり社会の重圧によって機械的に抑圧されてできたのではなくて、社会の急激な解体によって、とくに中間層の解体によって出現する人民大衆が、プロレタリアートを形成するからである。もっとも、簡単にわかるように、自然に発生した貧困とキリスト教的ゲルマン的な農奴制とから生まれた貧民もだんだんこれに加わってくるのであるが。

プロレタリアートが従来の世界秩序の解体を告知するものであれば、それはただ自分自身の存在の秘密を公言するものにすぎない。なぜならプロレタリアートはこの世界秩序の事実上の解体であるからだ。プロレタリアートが私有財産の否定を要求するものであれば、それはただ社会によってプロレタリアートの原理にされた事柄を、つまり社会の否定的帰結として、プロレタリアートの意志にかかわりなしにすでにプロレタリアートのうちに体現されている事柄を、社会の原理にまで高めるものにすぎない。そこで、ドイツの国王が国民を自分の国民と呼び、馬を自分の馬と呼ぶようなぐあいに、できあがってしまった世界に関してふるまうのと同じ権利で、プロレタリアはできつつある世界に関してふるまうのである。国王が国民を自分の私有財産であると宣言することは、実は私有財産所有者が国王であることを公言するものにほかならない。

哲学にとってはプロレタリアートがその物質的な武器であるように、プロレタリアートにとっては哲学がその精神的な武器である。そして思想の閃光がこの素朴な国民の奥深い底までも貫き通すとき、はじめてドイツ人が人間にまで解放されることが成就されるであろう。

結論を要約しよう。――

ただ一つ実際上可能なドイツの解放は、人間が人間の最高存在であると言明するような理論の立場に立ってする解放である。ドイツでは、中世からの解放が、同時に中世の克服の部分的な性格からの解放としてだけ、可能である。ドイツでは一切の種類の隷属を打ち破るのでなければ、どんな種類の隷属も打ち破ることはできない。ドイツの根本は、これを根本から改革するのでなければ改革できない。ドイツ人の解放は人間の解放である。この解放の頭脳は哲学であり、この解放の心臓はプロレタリアートである。哲学はプロレタリアートを止揚することなしには現実化されえず、プロレタリアートは哲学を現実化することなしには止揚されえない。

内的条件のすべてが満たされたとき、ドイツの復活の日は、ガリアの鶏鳴によって告げ知らされるであろう。

『マルクス・エンゲルス選集1　ヘーゲル批判』新潮社刊（一九五七年）を底本としました。
ルビや漢字表記に関しては編集部で改めた箇所があります。

あとがき

最近、「生きていて苦しい」という相談をよく受ける。決して、メンタル系の病気を抱えている人ではない。普通に生活しているサラリーパーソン、子育て中の母親、受験勉強に取り組んでいる子ども、そして高齢者、要するに日本で生活しているほとんどすべての人たちが「生きていて苦しい」と考えている。

私にはその原因が見える。人間が外部に対する感覚を喪失してしまったからだ。現実の世界には、目には見えないが、確実に存在する事柄がある。人間の信頼や愛情がそのような事柄だ。かつて、私たちが生きている世界の外部に、私たちから独立した世界が存在しているのは自明の事柄だった。それだから、人間から超越したキリスト教の神の存在もリアリティーを持っていた。

しかし、それが現在、外部を感じることができる人とできない人がいる。外部を感じることができない人は、生きていることがとても苦しくなる。なぜなら、人間は群れを作る動物なので一人で生きていくことはできない。それだから、こういう人は必死になって友だちを作ろうとして、失敗を繰り返す。そうして生きていることがますます苦しくなる。そういう事例を見事に作品化したのが柚木麻子『ナイルパーチの女子会』（文藝春秋、2015年）だ。

傑作だ。

ナイルパーチとは、スズキ目アカメ科アカメ属の大型淡水魚だ。淡泊な味で、日本にも輸入され、フライや味噌漬けになることが多い。鮨ネタにされることもある。〈癖のない淡泊な味わいからは想像もつかないほどの凶暴性を持つ肉食魚だ。なにしろ、アフリカのビクトリア湖に放流したところ、二百種類以上もの固有種の小型シクリッド（カワスズメ科の魚）を絶滅させてしまった。〉

大手町の総合商社に勤める総合職の志村栄利子（30歳）の密かな楽しみは、同い年の主婦のブログ「おひょうのダメ奥さん日記」を読むことだ。ブロガーの丸尾翔子は、スーパーの店長の夫と二人で気ままに暮らしているが、両親との関係で複雑なトラウマを抱えている。いくつかの偶然が重なって、栄利子と翔子がカフェで出会う。当初、二人は互いに好感を抱き友だちになれると思ったが、すぐに歯車がずれ始める。翔子は栄利子から距離を置こうとする。しかし、そのような態度を取られれば取られるほど、栄利子は翔子につきまとい、ストーカーのようになって、水族館のナイルパーチの前で翔子が若い男とキスしているところを写真に撮る。その写真を材料に栄利子は翔子を脅し、面会や旅行を強要する。しかし、栄利子は翔子に嫌われているとは思っていない。以下のやりとりに二人のずれが端的に現れている。


〈「そうか、共感が大事なんだね」

「みんなそうじゃない？　おかしい？」

「おかしくないよ。でも、なら、なんで私のブログなんて見始めたのかなって。だって、私とあなたは全然違うじゃない」

　空のどんぶりを見下ろしながら、思わずそう言ってしまう。栄利子はようやく、すっかり冷め切っている天ぷらに思い出したかのように箸を伸ばし、一口かじった。

「あら、似ているわよ。同じよ。趣味や性格は正反対、でも根本のところで同じよ。だから、友達になれるって思ったのよ。あなたが気付かないだけで、翔子さんと私は似たもの同士よ。ブログを読んでいるうちにそれがよく分かったの。支え合えれば無敵の二人組になれるってずっと思ってたのよ」

「無敵の二人組って……」

鼻白んで、翔子は聞き返す。

「ええと、なに、巨大な悪の組織と闘うつもりなの？」

「闘いたい、と思ってるよ」

蕎麦をすすり、それを飲み込むと大真面目に彼女は言った。

「私はあなたと二人で、おしゃべりをしたり、共通の何かを楽しんだりしてエネルギーを蓄え、大きなものへ向かっていきたいと思っているよ」

「え、なにへ？」

「私達を競争させるものたちかな」

「競争させる……もの？」

意図するところが分からず、翔子は首を傾げる。栄利子は箸に両手を添えて静かに置いた。〉

栄利子の父親は、現在、彼女が勤めている総合商社の役員だった。経済的には不自由のない環境で世田谷の女子校を出てエリート大学を卒業している。会社でも総合職として食品事業営業部で責任のある仕事を任されている。客観的に見れば栄利子は競争社会の勝利者だ。しかし、そのことに栄利子は満足していない。なぜなら、これまでの人生で親友を一人も持つことが出来なかったからだ。競争社会とは無縁で、自由に生きているように見える翔子とならば、真の友情を構築することができると栄利子は一方的に考えている。栄利子は、アフリカ・タンザニアからのナイルパーチの輸入を担当しているが、この魚との類比（アナロジー）で自らが強いられた状況について考えている。

〈「ビクトリア湖だけじゃない。日本各地の水辺だって、外来種の無秩序な放流によって、生態系を乱されているの。そうなると、餌や住処《すみか》や繁殖の時期をめぐって生き物達は競争せざるを得なくなる。いずれかの種が衰退するまでそれは終わらない。その結果、モンスターが生まれるの。外来種はね、人間に競争させられてきたの。争いたくて争っているわけじゃなかったの。哀れむべきはモンスターよ。それとおんなじなのよ。女同士は上手くいくわけないとか、どろどろしているとか、足の引っ張り合いばかりとか、そういう決めつけって、何故か昔からあるじゃない。商社に入社してから男達に散々刷り込まれてきた。女は愚かで協力出来ない生き物だって。私も知らず知らずのうちにそう思うようになって、なんとかしてそういう普通の女とは違う、強くてさっぱりして物事にこだわらない合理主義者になって、男に認めて欲しくて彼らと対等に扱われるように頑張ってきたけど……。今にして思えばどうしてそんなに自分を殺そうとしていたんだろうって思う。そんなの女性同士の密な関係に嫉妬している、男側の決めつけなのよ。もしくは男側に立つ女達の決めつけ。私達が競争して傷つけ合うのを見ることで、何故かほっとして嬉しくなって、自分達のことを肯定出来る人達が居るのは本当よ。結婚しているかいないか、美人かそうじゃないか、子供が居るか居ないか、そういったささいな違いで、女が張り合っていつまで経っても共存出来ないのは、私達がそうなりたいからなってるんじゃなくて、社会に基準を押し付けられて、ことあるごとに競うように仕向けられているからなんだと思う」〉

栄利子は自分がモンスターになりつつあることを自覚している。総合商社は男社会だ。その中で総合職として生き残っていくためには、過剰な闘争心と競争心を持たなくてはならない。強い合理主義者になることを強いられるような環境の中で栄利子は人格崩壊の危機を感じているのである。栄利子が自己充足することができる人間ならば、このような危機を感じることはなかった。栄利子は人生のパートナーを求めている。それは性愛を伴う男であってはならない。エロス（自分に欠けているものを他者に求める愛）から独立した純粋なフィリア（友情としての愛）が欲しいのだ。

哲学の領域でも他者の問題に真剣に取り組んだ事例がある。例えば、青木孝平『「他者」の倫理学――レヴィナス、親鸞、そして宇野弘蔵を読む』（社会評論社、２０１６年）だ。特に、宇野経済哲学の読み解きに関する作品としては、筆者がこれまで読んだ中では、最も優れた作品だ。宇野弘蔵は、自分はマルクス主義者ではないことを強調し、理論と実践は区別すべきであると強く主張した。しかし、宇野にも無意識のうちに残るマルクス主義イデオロギーがある。そのことが、社会について、徹底的に詰めて考えることを難しくし、「外部」の存在が不明確になってしまった。青木孝平氏は、宇野が語らなかった、宇野経済哲学の要に当たる部分を見事に解き明かしている。まず、資本が存在する根拠についてだ。

〈さて、この資本という外的形態は、自らの存立根拠として、人間の労働という「内性intériorité」、すなわち古典哲学の説く「実体」なるものを要請する。ここにはじめて資本主義がひとつの歴史社会として形成されることになる。宇野『経済原論』ではこの点が、まず、第二篇「生産論」において「資本の生産過程」として考察されるのである。

先にみたようにマルクスは、その初期から『資本論』にいたるまで一貫して、「人間」とその内的属性としての「労働」なるものを出発点として、その疎外態ないしは自己展開によって資本主義という世界を構成しようとした。おそらくそれは古今東西のほとんどの哲学の常識でもあったのだろう。西洋の形而上学はつねに「人間」(自己)なるものの全一的存在を前提としており、東洋の仏教哲学も「人間」の自己救済を悟りとして追求してきたのであった。いうまでもなくマルクスの「主体＝実体」が自己発展する弁証法論理もまた、ヘーゲルを介してこうした哲学史の常識を踏まえたものであろう。

けれども宇野はこれを根底的に否定した。あくまでも資本主義の「主体」は資本という外的な流通形態であり、これまで「主体sujet」とみなされてきた人間は、どこまでもその「従属者sujet」でしかない。この「他者」としての資本が「自己」としての人間をその内部に包摂しえたとき、資本主義はひとつの社会として「他なるもの」による完全な支配を確立する。すなわち「人間」なる主体は、自己を「いかなる受動性よりも受動的な受動者」として、他者による無限なる能動的支配を受け入れざるをえないことになる。このような「他者」を主語とするロジックは、内外の社会科学研究において、おそらくほとんど他に類例をみないものではないだろうか。〉（青木孝平『「他者」の倫理学』）

宇野の『資本論』解釈（具体的には経済原論）が「他者」を主語とする体系であるという青木氏の見方に私は全面的に同意する。ここで重要なのは、青木氏が資本が人間労働を包摂した事実が必然的ではないと考えていることだ。

〈ただし留意すべきは、宇野においては、資本という「他者」が自動的ないし必然的に人間（自己）の労働を包摂できるとするのではない点である。

「資本の産業資本形式は、……資本形態が言わばそれ自身で展開するものとはいえない。この形式のいわば基軸をなす労働力の商品化は流通形態自身から出るものではないからである。……労働力の商品化の基礎をなす、生産手段を失った無産労働者の大量出現は、資本主義に先だつ封建社会自身の崩壊によるものであって、いわゆる単純なる商品生産者としての小生産者が、商品経済的に分解されて生ずるというようなものではない。」（宇野著作集 第二巻 三五頁）

ここに資本が資本主義という一社会を形成するための最大の難点があろう。宇野は、資本の流通形式（他者）が人間の労働（自己）を内部に包摂し支配するためには、論理的に大きな「無理」すなわち「断絶」が存在するというのである。

およそ「人間」なるイデオロギーは、ア・プリオリに存在する本質ではありえない。それは「原始的蓄積」と呼ばれる特殊歴史的な過程によって、資本の「外部」においていわば偶然的で具体的につくられたものにほかならない。すなわち、資本主義に先行する共同体社会が、領主によるエンクロージャ（囲い込み）によって暴力的に解体されるという、一五〜一六世紀イギリスに特徴的な一連の歴史的事実をつうじて形成されたのである。それゆえ人間に内在するとされる「自我」なるものは何ら普遍性を有しない。それは、身分的拘束からも土地その他の生産手段からも解放された「二重の意味で自由な無産者」の幻想でしかない。このような、いっさいの他性をもたない負荷なき自我は、自己の超越論的意識のうちに世界を構成することもできなければ、自己の労働の表出によって商品を所有することもできないからである。〉（前掲書）

資本は昔からあった。商品交換が行われれば、そこから必然的に貨幣が生まれる。そして、貨幣は必然的に資本として運用される。しかし、社会全体が、「商品・貨幣・資本」によって支配される資本主義社会が成立するためには、労働力商品化が起きなくてはならない。この労働力商品化が偶然の現象であった。これに対応して近代的な「自我」が生まれてくることを青木氏は見事に解き明かしている。偶然、歴史的に起きた事柄を、内部から脱構築することができるのであろうか。青木氏は、原理的に不可能と考えているようである。それだから「外部」からの刺激が、この資本主義体制を超克するために不可欠になる。

こういう「生きていて苦しい」原因になっている近代的「自我」、さらにそれを作り出している労働力商品化を脱構築することは可能だ。しかし、それは社会の内側からの努力ではできない。無理な努力をすると『ナイルパーチの女子会』の栄利子のようになってしまう。

真に社会を変え、「生きていて苦しい」状況から脱するためには「急ぎつつ、待つ」という姿勢を取ることが重要と思う。社会を変えるチャンスは外部からやってくる。その機会を取り逃がしてはならない。そのためには、常に緊張して、全身で時代の徴《しるし》を受け止めなくてはならない。このことを私はキリスト教神学の研究を通じて学び取った。

本書を上梓するにあたっては新潮社の楠瀬啓之氏、小林由紀氏にたいへんにお世話になりました。本書が生まれるベースとなった新潮講座の講師に私を招いて下さった上田恭弘氏にも深く感謝申し上げます。本書は、作家・佐藤優の産みの親である新潮社取締役・伊藤幸人氏の助言なくして、こういう形で陽の目を見ることはありませんでした。どうもありがとうございます。

２０１６年９月20日、曙橋（東京都新宿区）にて

佐藤優

本書は新潮講座「一からわかる宗教」第一期（２０１５年1月～3月）の講義を活字化したものです。

新潮講座ホームページ　http://www.shinchosha.co.jp/blog/chair/

装幀／新潮社装幀室

ゼロからわかるキリスト教《きょう》

発行――二〇一六年一〇月二〇日

著者――佐藤《さとう》優《まさる》

発行者――佐藤隆信

発行所――株式会社新潮社

〒162-8711 東京都新宿区矢来町七一

電話――編集部(03)三二六六―五四一一
　　　読者係(03)三二六六―五一一一

http://www.shinchosha.co.jp

印刷所――錦明印刷株式会社

製本所――大口製本印刷株式会社

ISBN978-4-10-475211-9 C0095

いま生きる「資本論」　佐藤優

それは革命の書ではない。私たちの住む新自由主義社会のカラクリを知り、人生を楽にするための知恵の書だ。多くの受講生が抱腹し興奮した白熱講座、紙上完全再現！

いま生きる階級論　佐藤優

容赦のない収入格差。逃れられない教育格差。ピケティには救えない危機的状況の日本を〈横断的階級〉となって生き抜け！　超人気「資本論」講座、待望の第二弾。

君たちが知っておくべきこと
未来のエリートとの対話　佐藤優

超難関高校生たちに向けて語った、大学の選び方、外国語習得術、異性問題の解決法から知識人階級のルールまで。「知のバトン」を次世代へ繋ぐ白熱講義、完全収録！

プラハの憂鬱　佐藤優

その人は私に世界の読み解き方を教えてくれた――1986年ロンドン。外交官研修時代の著者と亡命チェコ人古書店主との濃密な知的交流を回想する青春自叙伝。

【中東大混迷を解く】
サイクス＝ピコ協定 百年の呪縛　池内恵

一世紀前、英・仏がひそかに協定を結び砂漠に無理やり引いた国境線が、中東の大混乱を招いたと言う。だが、その理解には大きな間違いが含まれている！
《新潮選書》

反知性主義
アメリカが生んだ「熱病」の正体　森本あんり

民主主義の破壊者か。平等主義の伝道者か。米国のキリスト教と自己啓発の歴史から、反知性主義の恐るべきパワーと意外な効用を鮮やかな筆致で描く。
《新潮選書》